KB268189

예수께로 가는 길

예수께로
가는 길

지은이 | 이훈
초판 발행 | 2017. 1. 23

등록번호 | 제3-203호
등록된 곳 | 서울특별시 용산구 서빙고로 65길 38
발행처 | 사단법인 두란노서원
영업부 | 2078-3352   FAX | 080-749-3705
출판부 | 2078-3331

책값은 뒤표지에 있습니다.
ISBN 978-89-531-2739-5 03230

독자의 의견을 기다립니다.
tpress@duranno.com   www.duranno.com

* 본문에 인용된 성경은 표기가 없는 한 개역개정임을 밝힙니다.

두란노서원은 바울 사도가 3차 전도여행 때 에베소에서 성령 받은 제자들을 따로 세워 하나님의 말씀으로 양육하던 장소입니다. 사도행전 19장 8-20절의 정신에 따라 첫째 목회자를 돕는 사역과 평신도를 훈련시키는 사역, 둘째 세계선교(TIM)와 문서선교 (단행본·잡지) 사역, 셋째 예수문화 및 경배와 찬양 사역, 그리고 가정·상담 사역 등을 감당하고 있습니다. 1980년 12월 22일에 창립된 두란노서원은 주님 오실 때까지 이 사역들을 계속할 것입니다.

예수께로 가는 길

이훈

주님을 따르는 길, 주님을 닮아 가는 영성의 길

두란노

우리는 방향을 잃어버렸을 때 길을 묻게 됩니다. 나의 믿음의 여정이 방향을 제대로 잡고 있는 것인지, 우리 교회가 지금 세상에서 혹시 방향을 잃은 것은 아닌지 질문해 봅니다. 언젠가 주님 앞에 서게 될 때 걸어온 길에 대해 돌아보게 될 것이고 주님의 판단이 있을 것입니다. 바라기는, 주님 앞에서 사도 바울처럼 선한 싸움을 싸우고 달려갈 길을 마치고 믿음을 지켰다는 고백을 하고 싶습니다.

"사람은 죽음 앞에서 착해진다"라는 말처럼 마지막 작별 인사를 하는 사람은 가족과 주변 사람들에게 특별한 마음을 전합니다. 아쉬움과 부끄러움이 있는 지난 걸음을 돌아보며 그래도 가까이 있어 준 것에 대한 고마움과 좀 더 사랑하지 못한 것에 대한 미안함을 전합니다. 하나님의 뜻을 아는 그리스도인들은, 죽음 앞에서 그동안 받은 은혜에 감사하면서도 신실하게 살지 못한 것에 대한 죄송스러움이 있을 것입니다.

그러므로 그리스도인들은 아직 오지 않은 시간으로부터 배울 수 있어야 합니다. 방향을 점검하고 길을 찾고 잘 걷기 위해서입니다. 방향은 분명하고 길도 분명합니다. 예수께로 더 나아가는 것입니다.

예수님은 가까이 다가온 사람들에게 "나를 따르라"라고 하셨습니다. 단지 '믿기만' 하는 신자가 아니라 '따르는' 제자가 되라 하셨습니다. 예수님은 단지 우리의 구세주(Savior)만이 아니라 우리 삶의 주(Lord)이시며 본받을 모범(Example)이십니다. 나를 부르셨고 또한 보내신 주님이 내게 원하시는 것은 주님을 본받는 것입니다. 거기에는 예외가 없습니다.

인생의 남은 여정 동안 어떤 길을 걸어야 할까 묻습니다. 내가 품은 생각과 내가 정한 길이 아닌, 예수님은 어떤 생각을 품으셨고 어떤 길을 가셨는지 성경에서 찾고 발견합니다. 그리고 또 묻습니다. 오늘은 그 시대와 다르기에 방향도 다르고 길도 다른가 묻는다면 답은 분명합니다. 다르지 않습니다. 예수님이 하신 말씀과 그 말씀 속에 담긴 그분의 생각과 삶으로 보여 주신 그분의 길은 모든 시대, 모든 문화의 사람들이 예외 없이 마음에 품고 걸어야 합니다.

오늘날 교회가 방향을 잃었습니다. 신앙고백과 예배에만 머물러 예수님을 따르는 제자의 길에서 벗어나 있습니다. 세상이 교회를 비난하고 '가나안 성도'가 늘어나는 이유는 예수님에 대한 실망 때문이 아닙니다. 예수님을 전하는 그리스도인들과 교회에서 예수님이 잘 보이지 않기 때문이고 그들의 생각과 삶이 예수님과 너무 다르기 때문입니다.

교회도 수명이 있습니다. 예수 그리스도께서는 영원하지만 보이는 교회는 영원하지 않습니다. 특히 이름을 붙이고 어느 지역에 세워진 조직 교회는 수명이 있고, 사람처럼 병들거나 늙어 가고 때로는 갑작스런 사고로 죽습니다. 한편으로 이것이 자연스러운 이유는, 교회는 포도주를 담은 부대이기 때문입니다. 교회는 예수라는 보배를 담은 그릇에 불과하기에 죽음을 이해하고 준비해야 합니다. 죽지 않으려는 사람이 어리석고 죽음을 받아들이고 준비하는 사람이 지혜롭듯이, 죽지 않으려는 교회는 어리석고 죽음을 준비하는 교회는 지혜롭습니다.

언제가 될지 모르지만 그때까지 생명이신 예수님께 집중해야 합니다. 빛이신 예수님은 늘 교회 안을 환하게 하실 것이고 그 빛은 교회 주변과 세상에 비치게 될 것입니다. 그 빛을 받은 성도들의 모임인 교회는 마음 붙일 공동체가 될 것이고 각 사람은 서로에게 닮고 싶은 롤모델이 될 것입니다.

예수님의 발자취를 따르려는 우리는 믿음의 길 끝에서 예수님의 흔적을 남기고 싶습니다. 다시 예수님만을 바라보며 따르려는 몸부림으로….

1
지나온 길,
가야 할 길

이스라엘 자손이 애굽 땅을 떠난 지 삼 개월이 되던 날 그들이
시내 광야에 이르니라 그들이 르비딤을 떠나 시내 광야에 이르
러 그 광야에 장막을 치되 이스라엘이 거기 산 앞에 장막을 치
니라 모세가 하나님 앞에 올라가니 여호와께서 산에서 그를 불
러 말씀하시되 너는 이같이 야곱의 집에 말하고 이스라엘 자손
들에게 말하라 내가 애굽 사람에게 어떻게 행하였음과 내가 어
떻게 독수리 날개로 너희를 업어 내게로 인도하였음을 너희가
보았느니라 세계가 다 내게 속하였나니 너희가 내 말을 잘 듣
고 내 언약을 지키면 너희는 모든 민족 중에서 내 소유가 되겠
고 너희가 내게 대하여 제사장 나라가 되며 거룩한 백성이 되
리라 너는 이 말을 이스라엘 자손에게 전할지니라

출 19:1-6

때로 우리의 삶에 주어진 상황과 우리가 통과해야 하는 시간
은 매우 벅차고 힘들게 느껴지곤 합니다. "참 잔인하다"라는
표현이 있습니다. 영국 시인 T. S. 엘리엇은 "4월은 잔인한
달이다"라고 표현하기도 했습니다. 어떤 때 그런 표현을 쓰
게 되는 것일까요? 우리가 원하지 않던 상황이 펼쳐지면서
너무나 힘든 시간을 지나게 될 때, 전혀 예상하지 못했던 고
통을 겪게 될 때 우리를 둘러싼 시간과 상황은 결코 우리 편
이 아닙니다. 정말 잔인하게 다가옵니다.

　하지만 불편하고 힘든 시간을 통과하면서 우리가 발견하
게 되는 사실이 하나 있습니다. 그 상황과 시간이 한편 우리

를 양육해 간다는 사실입니다. 우리가 어려운 시간을 원한 것은 아니지만 우리는 그 시간을 통해 하나님의 주권 앞에 겸손해집니다. 그러면서 지나간 시간을 되돌아보게 됩니다. "사람은 죽음 앞에서 착해진다"라는 말이 있습니다. 죽을 때가 되면 되돌아보게 되기 때문입니다. 자기 인생의 지내왔던 시간을 돌이켜보고, 남은 시간을 준비하게 됩니다. 이처럼 우리를 찾아온 반갑지 않은 상황과 시간은 우리를 성숙하게 만드는 소중한 선물이 되기도 합니다.

누구에게나 지나온 길이 있고, 가야 할 길이 있습니다. 돌아보면, 지나온 길에는 대개 후회와 한이 남습니다. 아쉬움이나 분노가 자리하고 있기도 합니다. 혹은 그리움과 향수가 느껴집니다. 그리고 앞으로 살아갈 시간에 대해서는 두려움과 걱정이 앞서곤 합니다. 물론 꿈과 야망이 가득한 마음으로 미래를 바라보는 사람도 있을 수 있습니다. 우리는 지나온 시간을 어떻게 기억하고 있습니까? 앞으로 걸어갈 길을 어떻게 내다보고 있습니까?

본문에서 이스라엘 백성은 광야 길에 들어선 지 3개월이 지났을 때 산 앞에 장막을 쳤습니다. 그때 하나님이 모세를 불러 말씀하셨고, 그 말씀을 이스라엘 백성에게 전하라고 하셨습니다.

이스라엘 백성도 지나온 길이 있습니다. 그들은 애굽의 노예 생활을 겪었고, 생각지 않던 하나님의 놀라운 구원의 은혜를 경험했습니다. 해방되었고, 애굽을 탈출했고, 홍해 바다가 갈라지는 놀라운 체험도 했고, 구원의 하나님을 마음껏 찬양하기도 했습니다. 그 후 광야에서 만난 쓴물에 대해 불평하고 원망했을 때는 단물로 바꿔 주시는 하나님을 경험했고, 굶주림 때문에 불평하고 원망했을 때는 만나와 메추라기를 날마다 내리시어 먹여 주시는 하나님의 은혜를 체험했습니다. 또 물이 없어 목마를 때도 불평과 원망을 쏟아냈는데, 반석을 쳐서 물이 나오게 해 주시는 하나님의 은혜도 누렸습니다.

이스라엘 백성에게 지나온 시간은 감격과 기쁨의 시간이기도 하지만, 한편으로는 자신들의 부끄러움과 어리석음이 묻어 있는 시간입니다. 광야 길은 결코 쉬운 것만은 아니었습니다. 좋은 기억도 있었고, 참 아픈 기억도 있었습니다.

하나님은 하나님의 백성을 만나 주십니다. 그러면서 하나님은 말씀하십니다. 하나님이 말씀하시는 데는 이유가 있습니다. 그들을 향한 하나님의 뜻과 계획이 있기 때문입니다. 한 백성을 구원해 세우시고, 그들을 통해서 펼쳐 나갈 하나님의 경륜과 뜻이 있는 것입니다. 지나간 시간을 어떻게 기억해야 하는 것인지, 앞으로 걸어야 할 길은 어떻게 바라보아야 하는지, 그리고 오늘, 지금 무엇을 소중히 여겨야 하는지에 대해서 주님은 본문 말씀을 통해 이스라엘 백성에게, 또 우리에게 말씀하고 계십니다.

2012년, 캘리포니아에서 서부 지역에 있는 온누리교회 목회자들을 대상으로 영성 수련회를 인도한 적이 있습니다. 그때 머물렀던 수도원의 작은 방 벽에는 조그마한 액자가 걸려 있었습니다. 그 액자에는 다음과 같은 짧은 글이 적혀 있었습니다.

지난 시간을 마음에 소중하게 간직하라(Cherish yesterday).
가야 할 길을 바로 알라(Dream tomorrow).
오늘을 신실하게 살아가라(Live today).

이 글을 묵묵히 바라보며 '무슨 의미일까?' 곰곰이 생각했습니다. 그러면서 저의 삶을 돌아보게 되었습니다. 출애굽기 19장 말씀을 통해 이 진리를 함께 나누고 깨닫게 되기를 바랍니다.

지난 시간을 소중하게 간직하라

사람마다 소중하게 기억하고 간직하고 싶은 것이 있는가 하면 잊어버리고 삭제하고 싶은 기억도 있습니다. 우리가 지나온 걸음 중에는 다른 사람들에게 자랑하거나 알려 주고 싶은 것이 있는가 하면 정말 숨기고 싶은 것이 있기 마련입니다. 그래서 우리는 기억하고 싶은 것만 기억하고, 잊고 싶은 것은 잊으려고 합니다. 만약 우리가 지나온 걸음에 대해 선택적으로 걸러내서 어떤 것은 소중히 여기고, 어떤 것은 버리려고 한다면, 우리는 하나님의 진정한 뜻으로부터 멀어져 있는 것입니다. 아직 하나님의 뜻 가운데 서 있지 못한 것입니다.

과거에는 강력한 힘이 있습니다. 어떤 사람들은 과거로 먹고 살아갑니다. 과거에 이루어 놓은 업적으로 오늘과 내일을 살아갑니다. 반면에 어떤 사람들은 과거에 발목 잡혀 살아갑니다. 과거에 저질렀던 잘못이 평생 족쇄가 됩니다. 심지어 본인이 아니라 조상들에 의해서 그러한 인생을 살아가기도 합니다. 자신은 특별히 한 것도 없는데 조상의 은덕 덕분에 살아가는 인생이 있는가 하면, 조상 때문에 길이 막혀서 어렵게 살아가는 사람도 우리는 종종 봅니다.

그러나 과거의 훈장이나 전과 기록 등 과거의 산물이 우리에게 안정감과 우월감을 주거나 혹은 낙담과 열등감을 준다면, 우리는 아직 과거로부터 자유롭지 못한 것일 뿐 아니라 헤어나지 못한 것입니다. 그러한 인생은 과거에 붙잡힌 인생일 뿐, 하나님의 뜻과는 상관없는 것입니다.

그렇다면 하나님은 우리가 지나온 길을 어떻게 기억하기를 바라실까요? 본문을 읽다 보면 노예 생활, 광야 생활 등 이스라엘 백성이 지나온 수많은 시간에 담긴 기억이 스쳐 지나갑니다. 그런데 하나님은 그 수많은 이야기를 뒤로하신 채 아주 짧게만 말씀하십니다.

> 독수리 날개로 너희를 업어 내게로 인도하였음을 너희가 보았느니라(출 19:4).

이스라엘의 역사를 기록하고 있는 구약성경을 보면 역사관이 독특합니다. 대부분의 민족과 국가의 역사를 보면 영웅의 역사와 피해의 역사가 함께 기록되어 있습니다. 그래서 영웅들은 끊임없이 미화됩니다. 태어날 때부터 출신도 다르고, 성장 과정이 완벽합니다. 그런가 하면 피해의 역사에 대해서는 아주 소상히 기록해 놓았습니다. 주변 국가들에게 앙갚음하거나 보상을 받으려는 것 같습니다.

그런데 성경에는 신기하게도 역사 속의 영웅이 하나도 없습니다. 우리가 성경을 읽으면서 발견하게 되는 것은 매우 귀한 사람들의 허물과 죄악이 다 기록되어 있다는 사실입니다. 아브라함의 믿음 없음, 노아의 술 취함과 벌거벗음, 모세의 죄악과 실수, 다윗의 엄청난 죄악조차 낱낱이 기록되어 있습니다. 이스라엘 민족은 그 역사적 인물들의 무덤을 화려하게 만든 적도 없고, 기념비를 세우거나 기념관을 만든 적도 없습니다. 왜 이스라엘의 역사는 그들의 삶을 미화하지 않았던 것일까요? 그들은 영웅이 아니었기 때문입니다. 이스라엘 민족을 이끌어 오신 분은 오직 하나님 한 분이시고, 우리가 영웅이라고 생각하는 이들은 하나님이 그 순간 사용하신 인물에 불과할 뿐 결코 영웅이 아닌 것입니다.

피해 의식에 대해서는 어떻습니까? 사실 이스라엘은 한국 민족에 견줄 수 있을 만큼 한 맺힌 민족입니다. 애굽의 노예로 어렵게 살았고, 광야 길을 건너서 약속의 땅에 잘 정착했으나 사사 시대에는 계속해서 주변 민족들의 침략과 지배를 받았습니다. 나중에는 왕국이 세워졌지만 오래가지 못해서 남북으로 갈라집니다. 남북 사이의 전쟁은 끊이지 않았고, 결국 북왕국은 앗수르에게, 남왕국은 바벨론에게 망하고 말았습니다. 이것이 이스라엘의 역사요, 피해와 한이 맺힌 역사입니다. 주변 나라들은 가해자들이고, 기회만 주어진다면 보복하고 보상을 받아 내고 싶은 당사자들입니다. 그런데 성경을 읽어 보면 이스라엘 민족에게는 가해자가 없습니다. 이것이 이스라엘의 역사 기록입니다. 사실 이런 역사관을 갖고 있는 민족과 국가는 어디에도 없습니다. 성경에 등장하는 개인들도 그렇습니다. 우리가 성경에서 만나게 되는 믿음의 사람들은 조금은 다른 모습을 하고 있습니다. 창세기에 등장하는 하나님의 사람 요셉을 보십시오. 그는 형들로 인해 끔찍한 피해를 입었습니다. 그런데 그는 나중에 자신을 보고 두려워하는 형들에게 이렇게 말했습니다.

> 당신들이 나를 이곳에 팔았다고 해서 근심하지 마소서 한탄하지 마소서 하나님이 생명을 구원하시려고 나를 당신들보다 먼저 보내셨나이다(창 45:5).

어떻게 자기의 굴곡 많은 인생을 그처럼 긍정적으로 기억할 수 있었을까요? 요셉은 "하나님이 하셨어요"라고 고백한 것입니다. 기억의 힘은 정말 대단합니다.

예수 그리스도를 통해 새로운 피조물로 빚어진 그리스도인들은 지나온 시간에 대한 기억과 해석이 달라집니다. 바울은 로마서 8장 28절에서 "우리가 알거니와 하나님을 사랑하는 자 곧 그의 뜻대로 부르심을 입은 자들에게는 모든 것이 합력하여 선을 이루느니라"라고 말합니다. 바울의 고백처럼 우리 삶 속에 일어났던 모든 일이 하나님의 신실한 손안에서 아름답게 변화되어 우리에게 선을 이룬다는 사실을 발견할 때, 우리는 "하나님이 하셨어요"라는 고백을 하게 될 것입니다.

언젠가 어떤 사람으로부터 공격을 받아 어려움을 겪고 있을 때였습니다. 그때 막내딸이 짧은 글을 보내 주었는데, 내용은 이렇습니다.

삶에서 만나게 되는 어느 누구도 비난하지 말라

(Never blame anyone in your life).

선한 사람은 당신에게 행복을 줄 것이고

(Good people give you happiness),

악한 사람은 당신에게 경험을 선물할 것이고

(Bad people give you experience),

나쁜 사람은 당신에게 교훈을 줄 것이며

(Worst people give you a lesson),

훌륭한 사람은 당신에게 추억을 선사해 줄 것이다

(Best people give you memories).

이 글이 큰 격려가 되었습니다. '하나님은 나로 하여금 수 많은 일을 겪게 하시고 다양한 사람들을 만나게 하셨는데, 이 모든 과정을 통해서 나를 더 빚어 가시는구나. 내가 주님 께 더 향하도록 하시는구나' 하고 깨닫게 되었습니다.

지나온 길을 돌아보고 우리의 기억을 새롭게 합시다. 사실 우리가 비난할 사람은 아무도 없습니다. 우리가 갚아야 할 것이 있는 것도 아닙니다. 단지 우리의 한계와 무지 때문에 잘못 반응했던 일에 대한 부끄러움과 죄송함만 있을 따름입 니다. 하나님은 그들도 탓하시지 않지만 우리도 탓하시지 않 습니다.

우리의 시간은 때로 잔인하게 느껴지고, 상황도 끔찍하게 여겨질 때가 있습니다. 하지만 우리가 하나님을 놓치지 않으 면 모든 시간과 상황을 통과하게 하시면서 우리를 주님 앞으 로 더 가까이 끌어당기십니다. 그러므로 우리가 할 일은 독 수리 날개로 업어 나르듯 우리를 여기까지 인도해 주신 하나 님께 "하나님이 하셨어요" 하고 높여 드리는 것뿐입니다. 영 웅 의식도, 피해 의식도 없이 겸손히 감사함으로 살아가는 것입니다.

가야 할 길을 바로 알라

이스라엘 백성은 그때 그 광야에서 어떤 마음으로 내일을 바라보고 있었을까요? 처음 애굽에서 출발할 때 그들에게는 정한 꿈이 있었습니다. 젖과 꿀이 흐르는 가나안 땅에 대한 원대한 꿈과 소망과 기대가 있었기 때문에 그들은 모세를 따라나섰을 것입니다.

그러나 막상 광야를 통과하는 일은 너무 버거웠습니다. 견디기 힘든 일의 연속이었습니다. 낙심도 하고, 불평과 원망도 많이 했습니다. 그 길은 멀게만 보였습니다. 그들이 스스로를 돌아보았더니, 가진 것이 아무것도 없었고 군대도 없었습니다. 그들의 마음속에는 '이렇게 계속 걷다가 힘 있는 민족을 만나면 과연 감당해 낼 수 있을까? 이러다 광야에서 다 죽는 것이 아닐까?' 하는 두려움이 가득 차게 되었습니다. 그때, 거대한 세상을 두려워하는 백성에게 하나님은 말씀하셨습니다.

세계가 다 내게 속하였나니 너희가 내 말을 잘 듣고 내 언약을 지키면 너희는 모든 민족 중에서 내 소유[특별한 내 보물, 우리말성경]가 되겠고 너희가 내게 대하여 제사장 나라가 되며 거룩한 백성이 되리라(출 19:5-6).

사람들을 만나 보면 각자 자신의 인생을 내다보는 안목이 있습니다. 어떤 사람들은 두려움과 걱정에 가득 차서 안절부절못하며 살아갑니다. 그들에게는 세상이나 미래가 두려움의 대상입니다. 반면에 어떤 사람들은 꿈과 야망을 불태우면서 세상을 진취적으로 살아갑니다. 그들에게는 세상이나 미래가 부러움, 혹은 차지하고 싶은 대상입니다. 만약 전자라면 피하거나 안전지대를 마련하고 싶어 할 것이고, 후자라면 적극적으로 세상과 미래를 향해 달려갈 것입니다.

사람마다 꿈과 목표가 다른데, 그 차이는 세계관에서 비롯됩니다. 세상을 크게 생각하고 두려워하고 조심스러워하는 이들은 주눅 든 마음으로 미래를 설계하게 되어 있고, 세상을 분홍빛이요, 차지할 수 있는 대상으로 바라본다면 용기를 내서 적극적으로 달려가게 될 것입니다. 그런데 양쪽 다 하나님의 뜻에는 신실하지 않습니다. 하나님은 우리가 살아갈 세상과 미래를 다르게 보기를 바라십니다.

하나님은 이스라엘 백성에게 "세계가 다 내게 속했다. 너희가 모든 민족 가운데 특별한 보물이 될 것이고, 제사장 나라가 되며, 거룩한 민족이 될 것이다"라고 말씀하셨습니다. 이것이 이스라엘 백성에게 두신 하나님의 뜻이요, 하나님의 계획입니다. 하나님은 우리 역시 이런 마음으로 미래를 바라보기를 바라십니다.

그렇다면 예수님은 이 세상에 계실 때 어떤 세계관을 가지고 세상을 바라보셨을까요? 예수님께 세상은 사랑의 대상이었습니다. 예수님은 세상을 사랑하셨습니다. 그러나 세상을 부러워하거나 차지하고 싶어 하는 마음은 없었습니다. 세상을 사랑하셨지만 세상에서 자리 잡으려고 하지 않으셨습니다. 예수님은 세상의 어둠을 아셨지만 세상을 전쟁터로 보지는 않으셨습니다.

세상을 어떻게 보십니까? 많은 사람이 세상을 생존경쟁이 치열한 전쟁터로 봅니다. 이런 가치관으로 세상을 보게 되면 우리의 선택은 뚜렷해집니다. 전쟁에서 살아남아야 하니까 안전지대가 필요하고, 전쟁에서 이길 공격용 무기와 살아남을 방어용 무기가 필요합니다. 즉 칼과 창을 든 전사가 되어야 하는 것입니다. 하지만 예수님은 세상을 추수 밭으로 보셨습니다. 추수 밭에 나아가는 일꾼들은 창과 칼 대신 쟁기와 보습을 손에 듭니다. 다르게 세상을 만나고, 다르게 미래를 향해 나아갑니다.

앞으로 가야 할 길을 걸어가야 하는 우리에게 필요한 것은 경쟁력이 아니라 주님의 마음입니다. 정복자의 마음이 아니라 종의 마음입니다. 세상은 이겨서 차지해야 할 대상이 아니라 섬겨야 할 대상입니다. 세상이 아무리 어둡고 악해도 도피성을 찾거나 나만을 위해 안전지대를 구축할 것이 아니라 문을 열고 나가야 합니다. 나그네들을 환영하고, 잃어버린 양들을 찾고, 세상을 살리려는 마음으로 살아가야 합니다. 그때 우리는 하나님의 특별한 보물이 됩니다. 그것이 바로 제사장 역할을 수행하는 것이고, 하나님의 거룩한 백성이 되는 길입니다. 이 땅의 그리스도인들이 '살아남는'(survival) 삶이 아니라 '살아가는'(revival) 삶에 대한 소망을 품고 주님과 함께 걷게 되기를 간절히 바랍니다.

제사장은 하나님과 사람 사이를 잇는 역할을 합니다. 하나님은 우리가 어디서 무엇을 하든지 만나는 사람들을 하나님께로 연결시킬 수 있기를 바라십니다. 우리의 삶 자체가 마치 세상의 빛처럼, 사람들에게 부러움의 대상이 되기를 원하십니다. 그래서 때로는 그들이 스스로를 돌아보고 부끄러워하면서, "저도 당신처럼 살고 싶습니다"라고 고백하게 되기를 바라십니다.

우리가 위대한 일을 할 필요는 없습니다. 우리가 어디에 있든 어떤 시간을 통과하든, 우리의 존재 자체로 우리를 둘러싸고 있는 사람들 가운데 주님의 주인 되심을 드러내는 축복의 통로가 되기를 바라시는 것입니다. 주님의 부르심을 따라 우리의 걸어갈 길을 걸어갑시다.

오늘을 신실하게 살아가라

자연에서 살아가는 야생 동물들을 보면 하루하루를 성실하게 잘 살아가는 것 같습니다. 그들에게는 과거에 대한 어두운 기억도 없는 것 같고, 미래에 대한 두려움과 걱정도 전혀 보이지 않습니다.

하지만 인간은 그렇게 살지 못합니다. 우리는 고아의 마음을 갖고 있어서 오늘을 사는 것이 참 버겁습니다. 헨리 나우웬은 《여기 지금 우리와 함께하시는 하나님》(은성, 2013)에서 우리로 하여금 현재를 살아가지 못하게 하는 두 가지 장애물이 있다고 말합니다. 하나는 '그때 그렇게 했어야 했는데'(ought to)이고, 또 하나는 '그런 일이 생기면 어쩌나'(if)입니다. 과거에 대한 후회와 미래에 대한 걱정이 오늘의 삶을 붙잡고 있다는 것입니다. 사실 과거와 미래에 붙잡혀 있지 않은 사람이 얼마나 되겠습니까? 그러나 현재(present)는 하나님의 선물(present)입니다. 하나님은 우리가 오늘 하루하루를 잘 살아가기를 기대하십니다.

광야를 통과한 이스라엘 백성의 걸음걸음은 그들이 하루하루를 잘 살아가도록 하나님이 훈련하신 것이었습니다. 하나님은 그들에게 만나와 메추라기를 내려 주실 때 꼭 하루씩

먹이셨습니다. 광야 40년이 다 끝난 뒤 기록된 신명기 8장을 보십시오.

> 너도 알지 못하며 네 조상들도 알지 못하던 만나를 네게 먹이신 것은 사람이 떡으로만 사는 것이 아니요 여호와의 입에서 나오는 모든 말씀으로 사는 줄을 네가 알게 하려 하심이니라 (신 8:3).

이 말씀을 통해 우리는 하나님이 이스라엘 백성으로 하여금 광야의 벅찬 길을 통과하게 하신 이유를 알 수 있습니다. 하나님은 그들의 매일의 삶이 하나님의 공급하심에 달려 있고, 무엇보다도 하나님의 입에서 나오는 말씀으로 살아가는 것임을 그들이 알아 가기를 바라셨던 것입니다.

본문에서 하나님은 "너희가 내 말을 잘 듣고 내 언약을 지키면"(출 19:5)이라고 말씀하십니다. 특별한 보물이 되거나 제사장 나라가 되는 것, 또한 거룩한 백성이 되는 것은 하나님의 약속이지만 조건이 있었습니다. 구원, 즉 하나님의 사랑은 무조건적이지만 하나님의 약속이 성취되는 데는 조건이 있습니다. 주님은 우리를 통해 놀라운 일을 이루어 가기를 기대하십니다. 이를 위해서 우리가 날마다 주님 앞에 머물러 그분의 말씀에 귀 기울이기를, 그분의 말씀을 먹고 살아가기를 바라십니다.

이스라엘 백성은 광야에서 훈련을 받은 뒤 가나안 땅에 정착했습니다. 하나님은 그들이 가나안 땅에서도 하나님의 하나님 되심을 잊지 않고 그분의 말씀을 따라 살아가기를 바라셨습니다. 하지만 안타깝게도 이스라엘 백성은 가나안 땅에서 하나님의 말씀을 잊고 말았습니다. 가나안 땅에 있는 모든 것이 좋아 보이기 시작하면서 더 이상 하나님의 말씀은 다가오지 않았고, 세상으로부터 배우고, 얻고, 그 자신들의 삶을 살아가게 되었습니다.

오늘을 살아가는 그리스도인들도 마찬가지입니다. 신기하게도 고난과 박해가 있는 지역에서 살아가는 그리스도인들은 오직 하나님께만 집중합니다. 그들은 말씀 앞에 머무는 것 외에는 달리 추구하는 것이 없습니다. 고난과 박해 속에서 그들은 오직 하나님 앞에 머물 뿐입니다. 하지만 안전하고 편안한 곳에 거하는 그리스도인들은 다릅니다. 그들은 많은 것을 알고, 누리고, 접함으로써 자신들의 방식대로 삶을 살아갑니다.

개인들의 삶을 돌아보아도, 고난의 시기에는 하나님 앞에 더 열심히 머물지만 편안해지기 시작하면 많은 다른 것들로 우리의 삶을 채우기 시작하는 것을 경험하곤 합니다. 믿음의 공동체인 교회들도 분규에 휩쓸릴 때 보면, 교회 지도자들조차 하나님의 말씀에서 답을 찾으려고 하기보다는 세상의 방법들을 찾고는 합니다. 많은 교회가 세상 법정에 서는 모습을 보면, 그들이 어디로부터 공급받고 있는 것인지 질문이 생깁니다.

하나님의 말씀으로 무장한 채 세상에 나가, 만나는 모든 상황을 말씀으로 이겨 나갈 수만 있다면 얼마나 좋을까요? 이것이 하나님이 기대하시는 바입니다. 우리가 하나님과 세상 양쪽에 발을 담그고 타협하기 시작하면, 우리는 하나님의 특별한 보물로서의 역할을 할 수 없습니다. 제사장이 될 수도 없으며, 그분의 거룩한 백성으로 여겨지지도 못할 것입니다.

사실 어려운 일을 만나 고난과 위기에 처했을 때 그가 믿음의 사람인지, 아닌지가 드러납니다. 믿음의 공동체인 교회도 마찬가지입니다. 어려울 때 신실한 공동체인지의 여부가 드러나게 됩니다. 상황은 우리를 흔들고 방황하게 만들기 쉽습니다. 하지만 하나님이 오늘 하루하루를 살아가는 우리에게 기대하시는 것은 하나님의 말씀을 붙들고, 말씀을 먹고 살아가는 것입니다. 하나님이 우리 가운데 계시다면 우리에게 무엇이 부족하겠습니까? 하나님의 말씀이 있다면 세상에

도움을 청하고 조언을 동원할 이유가 없습니다. 우리는 세상의 길에 박식한 성도가 아니라 하나님의 말씀에 뿌리내린 성도가 되어야 할 것입니다.

하나님이 우리의 걸음을 인도하시는 빛은 때로는 멀리까지 보이지 않습니다. 마치 밤길을 비추는 자동차의 헤드라이트처럼 적정 거리까지만 보입니다. 하지만 그 빛을 따라가다 보면 그다음 길이 보이기에 앞으로 나아갈 수 있습니다. 그래서 '날마다'가 중요합니다. 날마다 묵상하는 말씀이 우리의 가야 할 길을 비추는 등불이 되기 때문입니다.

우리는 어두울 때는 빛에 의존하고 따르지만 밝을 때는 쉽게 한눈을 팝니다. 모든 것이 잘 보이다 보니 집중하지 못할 때가 많습니다. 세상이 어둡다고 여겨질 때만 하나님의 말씀에 더 집중하는 것 같습니다.

날마다 주님의 말씀에 귀 기울이고 순종하는 신실한 그리스도인이 되기를 소원합니다. 이것이 하나님의 약속을 이루는 조건입니다. 저절로 제사장 나라나 거룩한 백성이 되는 것이 아닙니다. 말씀을 소중히 여기고, 그 말씀에 뿌리내릴 때 우리는 하나님의 약속을 이루어 갈 수 있습니다.

지난 시간을 마음에 소중하게 간직하십시오. 가야 할 길을 하나님의 눈으로 바라보십시오. 오늘을 신실하게 살아가십시오. 하나님의 백성인 성도와 교회가 세상과 다르게 살아가는 것이 주님의 뜻입니다. 지나온 길을 돌아보며 "아, 하나님이 여기까지 하나님께로 인도해 주셨구나" 하고 고백하는 우리가 되어야 할 것입니다. 또한 앞으로 걸어가야 할 길을 내다보면서 하나님이 주시는 꿈과 목표가 우리의 꿈과 목표가 되기를 바랍니다.

그리고 오늘 하루하루 이 땅을 살아갈 때 날마다 우리 가까이에 있는 말씀을 먹고, 그 말씀의 힘으로 뚜벅뚜벅 걸어갈 수 있기를 소원합니다. 가다 보면, 세월이 지난 후에, 우리가 주님을 많이 닮아 있다는 것을 문득 깨닫고는 스스로 깜짝 놀라게 될 것입니다. 주님과 함께 신실하게 동행하는 신실한 성도, 신실한 교회가 되기를 바랍니다.

2
살아가는
이유

나의 간절한 기대와 소망을 따라 아무 일에든지 부끄러워하지
아니하고 지금도 전과 같이 온전히 담대하여 살든지 죽든지 내
몸에서 그리스도가 존귀하게 되게 하려 하나니 이는 내게 사는
것이 그리스도니 죽는 것도 유익함이라 그러나 만일 육신으로
사는 이것이 내 일의 열매일진대 무엇을 택해야 할는지 나는
알지 못하노라 내가 그 둘 사이에 끼었으니 차라리 세상을 떠
나서 그리스도와 함께 있는 것이 훨씬 더 좋은 일이라 그렇게
하고 싶으나 내가 육신으로 있는 것이 너희를 위하여 더 유익
하리라 내가 살 것과 너희 믿음의 진보와 기쁨을 위하여 너희
무리와 함께 거할 이것을 확실히 아노니 내가 다시 너희와 같
이 있음으로 그리스도 예수 안에서 너희 자랑이 나로 말미암아
풍성하게 하려 함이라

빌 1:20-26

2014년 개봉된 영화 〈국제시장〉을 눈물 흘리며 본 기억이 있습니다. 1950년대 한국전쟁 이후 현재까지 격변의 시대를 살아온 우리 시대 아버지 덕수와 당시 사람들의 삶을 감동스럽게 엿볼 수 있게 해 준 영화입니다.

우리는 그들의 희생과 공로를 결코 작게 여길 수 없습니다. 그들이 있었기에 오늘 우리와 우리의 조국이 있는 것이기 때문입니다. 그 사실을 생각할 때 한편으로 감사한 마음을 갖게 되고, 또 한편으로는 미안한 마음이 들기도 합니다.

영화를 보는 내내 "우리는 무엇을 위해 사는 것일까?"라는 질문이 떠나지 않았습니다. 우리는, 과거보다 사는 것이 더 쉽지 않은 시대를 살아가고 있다고 말합니다. 치열한 생존경쟁 속에서 해결될 기미가 보이기는커녕 날로 심각해지는 취업 경쟁이 그들에게는 너무도 버겁기만 합니다.

언젠가 〈미생〉이라는 드라마가 방영되어 한국 사회를 들썩였던 일이 기억납니다. 드라마의 제목인 '미생'(未生)의 뜻은, 바둑에서 집이나 대마가 완전하게 살아 있지 않은 상태를 의미합니다. 즉 완전히 죽은 돌과 달리 완생(完生)할 여지를 남기고 있는, 삶도 죽음도 아닌 상황을 가리키는 바둑 용어입니다. 드라마에서 주인공 장그래는 수많은 고충을 겪으면서 이 사회의 부조리와 차별, 냉대, 경쟁의 현실을 적나라하게 드러내 시청자들의 공감을 불러일으켰습니다.

사회학자 오찬호 씨는 대학에서 강사로 가르치던 당시 만났던 20대들의 변해 버린 얼굴을 발견하고는 충격을 받았습니다. 그는 《우리는 차별에 찬성합니다》(개마고원, 2013)라는 책에서, 무한경쟁 시대의 희생양이 된 20대들이 피해자이면서 동시에 가해자가 되어 경쟁에서 진 사람들을 일말의 죄책감도 없이 차별하는 모습을 관찰한 뒤 그 원인을 밝히고자 노력했습니다. "괴물이 된 이십 대의 자화상"이라는 책의 부제목만 보아도 그 심각성이 느껴집니다. 과연 이 사회의 무엇이 그들을 그 지경으로 내몰았을까요?

사실 우리는 경제는 발전했을지 몰라도, 인간미가 더 사라진 시대를 살고 있습니다. 가족도 해체되고, 이웃도 사라지고, 생존경쟁 속에서 버겁게 살아가고 있는 것입니다. 더불어 살아가기가 정말 어려운 시대입니다.

그렇다면 우리는 과연 이 세상을 어떻게 살아야 할까요? 본문인 빌립보서 1장 20-26절은 예수님을 만나 제2의 인생을 살게 된 바울의 고백입니다. 우리는 이 말씀을 통해 바울이 세상을 살아가는 이유를 엿볼 수 있습니다. 우리도 예수님을 만났고, 그분을 마음에 모신 사람들입니다. 바울의 고백을 통해 스스로를 돌아봅시다. 그리고 바울의 고백이 우리의 고백이 되게 합시다. 그로써 우리의 남은 인생길이 아름답게 수놓아질 수 있기를 바랍니다.

자존심을 넘어서

나의 간절한 기대와 소망을 따라 아무 일에든지 부끄러워하지 아니하고(빌 1:20상).

바울은 자신의 간절한 기대와 소망을 따라 아무 일에도 부끄러워하지 않는다고 고백했습니다. 과연 아무 일에도 부끄러워하지 않는 것이 가능할까요? 누구에게나, 다른 사람들에게 알리고 싶은 자랑스러운 일이 있고, 반면에 너무 창피해 다른 사람들에게 절대 밝힐 수 없는 부끄러운 일이 있습니다. 때로는 기분 좋은 일이 있고, 화낼 일도 있습니다. 마음 편하게 지낼 상황에 처하기도 하고, 억울하고 분한 마음에 속이 상할 대로 상하는 상황에 맞닥뜨리기도 합니다.

그런 상황 속에서 우리 내면에 꿈틀거리는 것이 있습니다. 그것은 바로 자존심입니다. 공격받으면, 망가지는 한이 있더라도 처절하게 자존심을 지키고자 하는 것이 우리의 본성입니다. 살다 보면 자존심 때문에 기분 나쁘고, 화가 나고, 부딪혀 싸울 때가 종종 있습니다.

2015년 1월, 두 명의 무슬림 테러범들이 프랑스 풍자 주간지 《샤를리 에브도》(Charlie Hebdo) 본사에 침입해 무함마드를 그린 만평을 실었다는 이유로 12명을 사살한 사건이 벌어졌습니다. 자신들의 예언자를 모독한 것에 대한 분노를 극렬하게 표출했던 것입니다. 그 후 SNS에서는 "내가 샤를리다"(Je suis Charlie) 해시태그 달기 운동이 벌어졌습니다. 언론의 자유와 표현의 자유를 지지하는 사람들에 의해 채택된 구호입니다. 표현의 자유를 지키려는 사람들도 분노했던 것입니다.

그런데 이 사건의 내면을 자세히 들여다보면 그 원인을 문명의 충돌에서 찾아볼 수 있습니다. 서구의 오만함과 이슬람의 편협함이 맞부딪친 것입니다. 서로의 자존심이 충돌한 것입니다. 어느 한쪽도 굽히기 어려운 자존심 싸움이 벌어진 것입니다.

알고 보면 많은 갈등과 다툼이 자존심 때문에 생겨납니다. 어느 해 겨울, 캐나다에서 어느 가족이 다시 하나 된 사건이 있었습니다. 괜한 자존심에 서로 상처를 주고받다 결국 터져 버렸던 것입니다. 물론 하나 되는 과정이 평화롭고 사이좋게 이루어졌다고 말하기는 어렵지만, 가족들은 말다툼 가운데서도 서로의 속마음을 헤아리며 울었고 미안하다며 서로를 한껏 껴안아 주었습니다. 자존심은 싸우게 하지만, 약한 눈물은 서로 화해하게 하는 힘이 있습니다.

그런데 자존심은 정말 중요한 것일까요? 우리는 자존심을 꼭 지켜야 할까요? 우리가 사랑하는 예수님께는 반드시 지켜야만 하는 자존심이 있었을까요? 바울은 또 어떻습니까? 그에게도 명예를 지키려는 자존심이 있었을까요?

바울은 다메섹 도상에서 부활하신 예수님을 만나기 전까지는 자존심이 대단했습니다. 바울의 배경을 살펴보면, 히브

리인 중의 히브리인이요, 가말리엘의 문하생으로 바리새파에 속해 있었습니다. 율법에 충성스러운 자부심으로 유대 전통을 지키려는 열심이 특심했습니다. 감히 따라올 자가 없었습니다. 하지만 이제는 자존심을 버린 지 오래입니다. 바울의 고백을 들어 보십시오.

> 내가 궁핍하므로 말하는 것이 아니니라 어떠한 형편에든지 나는 자족하기를 배웠노니 나는 비천에 처할 줄도 알고 풍부에 처할 줄도 알아 모든 일 곧 배부름과 배고픔과 풍부와 궁핍에도 처할 줄 아는 일체의 비결을 배웠노라 내게 능력 주시는 자 안에서 내가 모든 것을 할 수 있느니라(빌 4:11-13).

예수님을 믿게 된 바울은 그 대단했던 자존심에 상처 받을 일을 수없이 많이 겪었습니다. 모욕도 당했고, 수치도 감당해 냈으며, 조롱당하고 매 맞고 감옥에 갇히기까지 했습니다. 그런데 바울은 전혀 분노하지 않았고, 오히려 기뻐했습니다. 바보처럼 그에게 자존심은 전혀 남아 있지 않습니다. 그 이유가 무엇일까요? 이제 자존심보다 더 중요한 것을 소유했기 때문입니다.

나의 간절한 기대와 소망을 따라 아무 일에든지 부끄러워하지 아니하고 지금도 전과 같이 온전히 담대하여 살든지 죽든지 내 몸에서 그리스도가 존귀하게 되게 하려 하나니(빌 1:20).

바울은 나와 비교할 수 없이 위대하신 분, 나를 위해 죽으시고 나를 살리신 분을 만났고, 주님의 큰 사랑을 깨달았기에 그분을 위해서라면 아무 일도 부끄러워하지 않는 인생을 살 수 있었습니다.

생각해 보면 우리의 자존심은 '알량한 자존심'에 불과할 수 있습니다. 주님보다 내 한 몸 사리는 일에 열심을 내고, 나를 돌보고 챙기는 데만 바쁩니다. 알량한 자존심에 마구 휘둘리는 것입니다. 사람들의 반응과 대우에 섭섭하고 상처를 받는다면, 우월감과 열등감에 감정이 들쭉날쭉한다면, 아직 자존심이 꿈틀거리고 있는 것입니다. 우리는 자존심을 지켜야 나도 살고 남도 사는 것이 아니라 자존심을 죽여야 천국이 시작된다는 사실을 반드시 기억해야 합니다.

바울은 아무 일에든지 부끄러워하지 않는다고 말했습니다. 우리 모두 바울을 본받아 자존심으로 살지 않기를 바랍니다. 아무 일에도 부끄러워하지 않고, 기쁘고 신실하게 믿음과 순종의 길을 걷는 우리가 되기를 소원합니다.

내 안에 주님이 사시도록

아무 일에도 부끄러워하지 않고 살든지 죽든지 자기 몸을 통해 그리스도가 위대하게 되시기를 원했던 바울은, 자신이 그렇게 살아갈 수 있었던 이유를 본문 21절에서 분명하게 밝힙니다.

> 이는 내게 사는 것이 그리스도니 죽는 것도 유익함이라(빌 1:21).

이제 내가 사는 것이 아니라 그리스도가 사시기 때문이라고 말합니다. 바울에게서 볼 수 있듯이, 내 안에 무엇이, 누가 살아 있는가가 인생의 차이를 만들어 냅니다.

여러 사람들과 지내다 보면 각각의 사람들 안에 누군가가 살고 있다는 것을 발견하게 됩니다. 어떤 사람 안에는 두려워 떨고 있는 아기가 있습니다. 어떤 사람들 안에는 탐욕스런 욕심쟁이, 폭력적인 늑대, 잔인한 폭군이 살고 있기도 합니다. 그 안에 나약한 아이가 있든 강한 누군가가 있든, 사실 그들은 자기만 아는 이기적인 인생을 살아가고 있는 것입니다.

그리스도인들 중에도 여전히 그러한 삶을 살아가는 사람들이 있습니다.

마음속에 주님이 계시기는 한데 한쪽 구석으로 밀려나 계시기에 그들은 여전히 변화되지 않은 옛 모습으로 살아갑니다. 주님은 인격적인 분이십니다. 따라서 우리가 주님을 영접해 마음에 모셔 들였을지라도 우리의 마음을 강제로 차지하지는 않으십니다.

그렇다면 예수님 안에는 누가 살고 계셨을까요? 바로 하나님 아버지이십니다. 그래서 자유로운 삶을 사실 수 있었고, 고난도 죽음도 받아들이실 수 있었습니다.

바울 안에는 누가 살고 계셨을까요? 전에는 대단한 자존심을 소유한 자기가 살고 있었습니다. 하지만 이제는 예수 그리스도가 살고 계십니다. 그런 그에게는 모든 것이 단순하고 분명했습니다. 자신이 살 이유가 없고 죽는 편이 더 나았던 것입니다.

> 우리가 이 보배를 질그릇에 가졌으니 이는 심히 큰 능력은 하나님께 있고 우리에게 있지 아니함을 알게 하려 함이라…우리가 항상 예수의 죽음을 몸에 짊어짐은 예수의 생명이 또한 우리 몸에 나타나게 하려 함이라 우리 살아 있는 자가 항상 예수

를 위하여 죽음에 넘겨짐은 예수의 생명이 또한 우리 죽을 육체에 나타나게 하려 함이라 그런즉 사망은 우리 안에서 역사하고 생명은 너희 안에서 역사하느니라(고후 4:7, 10-12).

바울은 보배이신 예수님을 담은 그릇이 우리라고 말합니다. 그렇다면 어떻게 이 보배를 전할 수 있을까요? 여기서 중요한 것은 그릇이 아니라 '어떻게 하면 보배가 잘 드러나게 할까?'입니다. 특히 바울은 그릇 중에서도 아무 데나 쓰이고 쉽게 깨지는 질그릇에 비유합니다. 그 이유는 질그릇이 깨져야 그 속에 담긴 예수님이 전해질 수 있기 때문입니다. 질그릇 같은 우리 안에 보배이신 주님이 가득 담기기를 기원합니다. 하나님의 특별한 사랑과 은혜가 우리의 마음을 녹여 주기를 바랍니다. 그래서 마음속 한구석에 웅크리고 있는 아기가 그리스도의 장성한 분량에 이르기까지 자라나고 성숙해지기를 원합니다. 은혜의 빛이 가득 차 악과 어둠이 떠나기를 바랍니다.

예수님이 우리 안에 살아 계셔서 우리가 서로를 주님의 마음으로 볼 수 있게 되기를 바랍니다. 아울러 상대방 안에 살아 계신 그리스도를 볼 수 있기를 바랍니다. 우리 안에 오직 그리스도만이 살아 계시기를 소원합니다.

다른 이들의 유익을 위해서

그러나 만일 육신으로 사는 이것이 내 일의 열매일진대 무엇을 택해야 할는지 나는 알지 못하노라 내가 그 둘 사이에 끼었으니 차라리 세상을 떠나서 그리스도와 함께 있는 것이 훨씬 더 좋은 일이라 그렇게 하고 싶으나 내가 육신으로 있는 것이 너희를 위하여 더 유익하리라 내가 살 것과 너희 믿음의 진보와 기쁨을 위하여 너희 무리와 함께 거할 이것을 확실히 아노니(빌 1:22-25).

바울은 차라리 세상을 떠나서 그리스도와 함께 사는 것이 자신에게 훨씬 더 좋은 일이라고 생각했습니다. 그렇게 하고는 싶지만, 자신이 세상에 살아 있는 것이 성도들의 믿음의 진보와 기쁨에 더 유익이 되기에 그들과 함께 머무는 것이라고 말했습니다.

우리 시대의 비극은 생존에 급급해서 자기만 위하다 보니 다른 사람들을 돕지 못할 뿐만 아니라 심지어 도구로 삼는다는 것입니다. 우리는 나를 위한 자리를 찾고, 나의 안전과 이익을 위해 계산기를 두드리고, 나의 행복에 다른 모든 것을 끼워 맞추며 살아가고 있습니다. 지구촌 곳곳에서는 힘없는 사람들이 탐욕스런 사업가의 이익의 도구로 전락하고 있습니다. 자신들의 목적을 이루기 위해 어린아이들을 테러리스트로 키우는 IS(이슬람 무장 단체)처럼 끔찍한 악도 자행하고 있습니다. 심지어 결혼할 사람도 물건을 고르듯이, 나만을 위한 맞춤형을 찾습니다. 이기적인 마음이 지배하는 시대입니다. 다르게 살아가는 사람을 찾아보기 어렵고, 다르게 살아가는 일이 절실한 시대입니다. 나만 위하는 이기적인 동기는 상처와 어둠이 가득한 사회를 만들어 갑니다.

예수님이 사신 이유와 목적은 오직 다른 이들을 위해서였습니다. 바울도 다르지 않았습니다. 단지 살아남는 것이 아니라 '어떻게 하면 다른 사람들을 도울까?'가 둘의 공통적인 관심사요, 인생의 목적이었습니다. 그것이 오늘날 예수님의 제자들이자 주님을 사랑하는 우리에게 주어진 동일한 사명일 것입니다. 우리는 주님으로부터 받은 사랑 때문에 그 부르심에 응답하는 책임이 있음을 잊어서는 안 됩니다.

오늘날은 안전지대를 찾고, 편안한 곳에 머물려는 시대입니다. 다들 입맛도 취향도 까다로운 소비자가 되었습니다. 이에 발맞추어 성도들도 내 마음에 들고 내게 유익한 것만을 좇아 살아가고 있습니다. 이기적인 세상의 거센 흐름 속에 우리는 서 있습니다. 하지만 중요한 것은 우리에게는 거슬러 올라가야 할, 다르게 살아가야 할 이유가 있다는 것입니다. 우리는 받은 사랑 때문에 빚진 자로 살아가야만 합니다.

100여 년 전 복음의 불모지인 한국에 복음을 들고 온 선교사들을 생각해 보십시오. 당시 오지와도 같았던 이 땅에 하나님의 말씀을 전하기 위해 그들은 소중한 목숨을 걸었습니다. 수많은 고난과 박해 속에서도 그들은 결코 굴복하지 않았습니다. 한 사람이라도 더 주님을 믿을 수 있도록, 연약한 성도들의 믿음의 진보를 돕기 위해서 자신의 몸을 아끼지 않고 불살랐습니다. 그리고 오늘날 우리가 있습니다. 그들에게 우리는 빚진 자들인 것입니다.

우리도 그들처럼 살아가게 되기를 소원합니다. 반드시 멀리 있는 선교지나 특별한 장소에 가야만 하는 것은 아닙니다. 마음가짐이 중요합니다. 어디서 무엇을 하든지, 누구를 만나든지, 그들을 위로하고 격려하며 때로 도전하고 도우며 살아갑시다. 누가 알아주지 않아도, 심지어 무시하고 오해하고 오히려 공격할지라도, 잘 대해 주며 그들의 믿음의 진보를 도우며 살아갑시다.

우리 인생은 미생입니다. 생존이 불확실해서가 아니라 아직 살아서 할 일이 남아 있기 때문입니다. 예수님은 십자가에서 "다 이루었다"(요 19:30)라고 말씀하셨습니다. 또한 바울은 자신이 달려갈 길과 주님께 받은 사명을 온전히 마쳤다고 고백했습니다.

사람들이 보기에는 멸시당하고 부서지고 죽는 것 같지만 내 안에 계신 주님이 살아 일하시고 나를 통해 다른 이들의 믿음이 진보하게 될 때, 우리 역시 "이제 제가 할 일을 다했습니다"라고 고백할 수 있을 것입니다. 이것이 그리스도인들이 살아가는 이유요, 가장 아름다운 삶입니다. 오직 영광 받아 마땅한 이름은 예수 그리스도뿐입니다. 그 외의 모든 것은 부서지거나 잊혀져도 괜찮습니다. 주님의 영광을 가리기보다는 오히려 그 편이 나을 수 있습니다. 우리는 미생입니다. 하지만 살아남기(survival) 위해서가 아니라 이 땅을 살리기(revival) 위해 살아갑시다.

3

부르심을
따라

그러므로 주 안에서 갇힌 내가 너희를 권하노니 너희가 부르심
을 받은 일에 합당하게 행하여 모든 겸손과 온유로 하고 오래
참음으로 사랑 가운데서 서로 용납하고 평안의 매는 줄로 성령
이 하나 되게 하신 것을 힘써 지키라 몸이 하나요 성령도 한 분
이시니 이와 같이 너희가 부르심의 한 소망 안에서 부르심을
받았느니라 주도 한 분이시요 믿음도 하나요 세례도 하나요 하
나님도 한 분이시니 곧 만유의 아버지시라 만유 위에 계시고
만유를 통일하시고 만유 가운데 계시도다

엡 4:1-6

우리는 찬양과 기도를 통해 하나님이 만유의 주재이시며 만물의 주인이심을 선포하고 고백합니다. 주님은 만유를 통치하고 계십니다. 그런데 우리는 이 사실을 삶에서 얼마나 실감하고 있을까요?

혹시 우리가 살고 있는 우주가 빅뱅이라는 큰 폭발로 우연히 생겨난 것이며, 이 땅에 살고 있는 생명은 다 진화된 것이라고 생각해 본 적은 없습니까? 혹은 우리에게 주어진 인생은 외로운 고아와도 같아 의지할 곳이 전혀 없는 서글픈 것이고, 행운과 불운에 따라 다르게 펼쳐지는 어쩔 수 없는 운명의 장난이라고 생각해 본 적은 없습니까?

이와 같은 생각이 우리를 사로잡을 때 우리 인생은 비극일 것입니다. 거대한 세상에서 홀로 외로운 싸움을 싸우며 살아가야 하기 때문입니다. 그런 생각을 가지고 있다면 평화롭게 더불어 살아가는 삶은 어리석은 환상에 불과할 뿐 결코 가능하지 않습니다.

'조화'나 '연합'은 듣기에 좋은 말일 뿐입니다. 누가 가져다주면 모를까 스스로 만들려 하지는 않는 것이 우리의 모습입니다. 그저 운이 좋기만을 바라고, 손해 보지 않으려는 인생들끼리는 충돌하게 되어 있습니다. 이기적이고 자기중심적인 인생들이 모여 사는 사회에서는 분쟁과 갈등이 커져 갈 뿐입니다. 그들에게 조화롭고 연합된 모습을 기대하기란 불가능합니다.

한편 자연 만물을 보면 어떤 신비스러운 조화와 질서가 존재한다는 사실을 발견하게 됩니다. 그들은 마치 서로를 알아보는 것 같고, 신기한 질서 속을 살아가는 것 같습니다.

1986년 여름, 한 교회 중고등부 전도사로 있을 때 했던 여름수련회가 기억납니다. 당시는 천막을 치고 수련회를 진행했는데, 말씀을 나눈 뒤 한창 뜨겁게 기도하고 있을 때였습니다. 갑자기 개구리 한두 마리가 천막 속으로 들어와 개굴거리며 아이들 사이를 폴짝폴짝 뛰어다녔습니다. 놀란 여자

아이들이 기겁하며 소리를 꽥 지르고, 장난기 있는 남자아이들은 개구리를 잡는답시고 온 데를 휘젓고 다니는 바람에 한바탕 소동이 일었습니다.

그런데 놀랍게도 곧이어 폭우가 쏟아졌고, 결국 우리는 모두 긴급하게 대피해야 하는 상황에 처했습니다. 개구리들은 곧 폭우가 쏟아질 것을 예감해 천막으로 들어와 몸을 피하려 했던 것입니다. 하나님의 일을 개구리들은 알았는데 열심히 기도하는 우리는 왜 몰랐을까요? 개구리들은 TV나 라디오를 통해 일기예보를 듣지 않아도 하늘과 통합니다. 우리 인생은 하나님과 잘 통하지 않지만 만물은 하늘과 호흡이 딱 맞습니다.

또한 자연 만물은 서로 어울려 살아갑니다. 바위는 호숫가에 있든, 넓은 벌판에 있든, 나무와 함께 있든, 사막에 있든, 물속에 있든 잘 어울립니다. 모가 나 보이거나 튀지 않고 존재 자체로 자연스럽습니다. 나무도 마찬가지입니다. 같은 종류의 나무들이 모인 숲에 있든, 다른 종류의 나무들이 한데 섞인 숲에 있든, 홀로 바위 위에 서 있든 잘 어울립니다. 만물 중에 서로 어울리지 않는 피조물들이 있을까요?

그런데 유독 서로 잘 어울리지 못하는 것이 인생, 우리 사람들인 것 같습니다. 우리 눈은 옷을 맞추어 입거나 음식을 장만할 때 어울리지 않는 것을 기가 막히도록 정확하게 찾아 냅니다. 흔히 결혼에 대해서 말할 때 서로 맞는 사람이 있고, 맞지 않는 사람이 있다고 합니다. 친구들도 잘 맞는 친구가 있고, 어울릴 수 없는 친구가 있다고 말합니다. 하지만 잘 맞는다고 믿은 사람과 평생 살아 보면 그 답을 알게 될 것입니다. 서로 얼마나 다른 사람인지를 말입니다.

이처럼 모든 피조물은 다 창조주와 통하고, 그 안에서 서로 조화를 이루며 살아갑니다. 우리 인생을 향한 주님의 뜻도 그러한 삶을 살아가라는 것이 아닐까요?

현미경으로 소우주(Microcosmos)의 세계를 연구하는 과학자들은 그 안에 존재하는 질서에 깜짝 놀란다고 합니다. 수년 전 로스앤젤레스에 YWAM 강의차 갔을 때였습니다. 그곳 지도자가 안과 의사였는데, 저를 만나자마자 하나님의 뜻은 '공동체'라고 말해 주었습니다. 그는 자신이 그렇게 생각하는 이유를 다음과 같이 설명했습니다.

"모든 물질의 기초가 되는 핵이나 전자는 어느 것도 불완전하지 않은데, 그 자체로 존재하지 않고 서로 연결되고 결합되어서 원소를 이루고 있습니다. 또 원소들은 서로 연결되고 결합되어 물질을 이룹니다. 이 신비스러운 조합을 보면 인간 사회에 대한 하나님의 뜻도 '공동체'라는 것을 알게 됩니다.”

거대한 대우주(Macrocosmos)를 연구하는 사람들도 그 안에 존재하는 질서에 탄복을 금하지 못하고 있습니다.

에베소서는 주님이 바울을 통해 믿음의 공동체인 교회에 주신 말씀입니다. 4장 1-6절 말씀을 통해 우리를 향한 주님의 부르심, 그분의 뜻을 배울 수 있기를 바랍니다.

주님의 부르심, 하나 됨

해마다 여름이 되면 수많은 청년들이 선교 여행을 떠나기 위해 비행기에 몸을 싣습니다. 그들은 하나님의 부르심을 따라 전 세계 곳곳으로 흩어져 선교지의 땅을 밟으며 기도하고, 더 넓은 하나님의 세계를 여행합니다. 흔히들 선교 여행에서 가장 어려운 점은 현지 언어나 문화, 선교지의 물과 음식 등에 적응하는 것이라고 생각합니다. 그런데 사실 가장 힘든 것은 함께하는 팀원들끼리의 팀워크입니다. 한 사람 한 사람이 자기 색깔, 자기 소리를 내지 않고 낮아짐으로 서로 조화를 이루느냐에 따라 선교 여행의 성패가 갈린다고 해도 과언이 아닙니다.

온누리 예수제자학교(JDS)를 담당하던 당시, 여러 해 동안 여름마다 여러 나라로 선교 여행을 떠날 기회가 있었습니다. 그때 선교 여행을 다녀온 사람들이 공통적으로 고백하는 것이 있었습니다. 모두가 관계의 영역에서 고강도의 훈련을 받았다고 말했습니다. 그들은 선교 여행 내내 팀원들 사이에서 힘들고 어려운 순간들을 겪으며 깨지고 배웠던 것입니다.

안타깝게도 선교에 목숨을 걸었다는 선교사님들이 동역자와의 관계를 깨뜨리고 갈라서는 모습을 가끔 봅니다. 그 이유는 무엇일까요? 여러 선교지들을 방문하면서 깨닫게 된 것은 선교사님들이 가장 힘들어하는 것이 관계라는 사실이었습니다. 이처럼, 주님의 부르심을 받고 이 세상을 살아가는 우리에게 성도와의 연합, 조화는 풀어야 할 어려운 과제인 것 같습니다.

본문에는 '부르심'이라는 단어가 세 번 나옵니다. "너희가 부르심을 받은 일에 합당하게 행하여"(1절), "너희가 부르심의 한 소망 안에서 부르심을 받았느니라"(4절). 어떤 부르심을 말하는 것일까요? 선교를 위한 부르심일 수도 있고, 봉사를 위한 부르심일 수도 있습니다. 하지만 그보다 더 중요하고, 놓쳐서는 안 되는 부르심이 있습니다. 그것은 바로 주님 안에서 하나 되는 것에 대한 부르심입니다.

예수님은 제자들의 하나 됨을 위해 요한복음 17장에서 이렇게 기도하셨습니다.

> 아버지여, 아버지께서 내 안에, 내가 아버지 안에 있는 것같이 그들도 다 하나가 되어 우리 안에 있게 하사 세상으로 아버지께서 나를 보내신 것을 믿게 하옵소서 내게 주신 영광을 내가 그들에게 주었사오니 이는 우리가 하나가 된 것같이 그들도 하나가 되게 하려 함이니이다 곧 내가 그들 안에 있고 아버지께서 내 안에 계시어 그들로 온전함을 이루어 하나가 되게 하려 함은 아버지께서 나를 보내신 것과 또 나를 사랑하심같이 그들도 사랑하신 것을 세상으로 알게 하려 함이로소이다(요 17:21-23).

본문인 에베소서 4장 1-6절을 보면, 아마도 바울은 감옥에서 지난날을 되돌아보며 주님 안에서 하나 되는 것이 얼마나 중요한지 깨닫게 된 것 같습니다.

사도행전 15장에는 바울과 바나바가 제2차 전도 여행에 마가라 하는 요한을 데려가느냐 마느냐의 문제로 심히 다투고 갈라선 이야기가 나옵니다. 제1차 전도 여행 도중 밤빌리아에서 도중하차했던 마가가 어떤 이유에서인지 제2차 전도 여행에 동행하기를 원했던 것 같습니다. 그때 선교의 열정에 불타 있었던 바울은 마가와의 동행을 도저히 용납할 수 없었고, 결국 그를 내쳤습니다.

나중에 그 일이 떠올라 마가에게 미안하고 아쉬운 마음이 들었었나 봅니다. 바울은 믿음의 아들 디모데에게 "네가 올 때에 마가를 데리고 오라 그가 나의 일에 유익하니라"(딤후 4:11하)라고 말하기도 했습니다.

하나 됨을 위해 주어진 은혜

만물 위에 높으신 주님이시요, 만유의 주인이신 하나님은 어디에 계실까요?

하나님도 한 분이시니 곧 만유의 아버지시라 만유 위에 계시고 만유를 통일하시고[모든 것을 통해 계시고, 우리말성경] 만유 가운데 계시도다(엡 4:6).

첫째로 만유의 주님은 '만유 위에'(above all) 계십니다. 주님은 우리 위에서 우리를 둘러싸고 계십니다. 그러므로 우리는 땅만 보지 말고 눈을 들어 하늘을 바라보아야 합니다. 그때 우리의 인생이 달라지고, 아래에서 티격태격하는 자신의 모습이 부끄러워지게 됩니다.

둘째로 만유의 주님은 '모든 것을 통해'(through all) 계십니다. 이 말은 주님이 우리의 관계 속에도 계신다는 뜻입니다. 우리의 만남과 교제가 하늘로 말미암은 것임을 알면 인생이 달라집니다. 서로를 함부로 대할 수 없고, 냉대할 수도 없습니다. 하나님이 보내 주신 손님이기 때문입니다.

셋째로 만유의 주님은 '만유 가운데'(in all) 계십니다. 주님은 각 사람 안에 계십니다. 우리 각 사람 안에 주님이 계신다는 것을 알면 인생이 달라집니다. 서로를 피곤한 존재로 보는 것이 아니라 하나님의 형상으로 보게 됩니다. 서로에게서 하나님의 모습을 발견하고 존중하게 됩니다.

한 분이신 하나님, 곧 만유의 아버지가 우리 위에 우리를 둘러싸고 계십니다. 그분은 우리의 관계 속에도 계시며, 우리 각 사람 안에도 계십니다. 이 사실을 깨닫고 서로를 바라볼 때, 주님이 우리에게 넘치는 은혜를 베풀어 주실 것입니다.

바울은 3절에서 "성령이 하나 되게 하신 것"에 대해 언급합니다. 십자가를 통해 중간에 막힌 담을 허신 예수님이 하신 일은 우리로 화목하게 하신 것이었습니다. 하나 되게 하시는 것이 주님이 이 땅에 오신 목적입니다. 성령께서 하시는 일도 마찬가지로 우리로 하나 되게 하시는 것입니다.

사도행전 2장에는 성령의 바람이 각 사람에게 불어와 하나님의 은혜와 능력으로 사로잡은 오순절 성령 강림 사건이 기록되어 있습니다. 당시 성령께서 임하시자, 모두 다 성령의 충만함을 받고 성령께서 말하게 하심을 따라 다른 언어들로 말하기 시작했습니다. 창세기 11장에서는 악한 일에 하나 되려는 사람들을 흩으시고자 언어를 혼란하게 하셨었습니다. 이 바벨탑의 저주가 끝나고, 분열되었던 관계가 서로 통하게 되는 순간이 오순절 성령 강림 사건이었습니다. 마치 창조주의 숨결 속에서 만물이 모두 함께 연결되고 조화와 연합을 이루는 듯 보입니다.

이처럼 하나님의 숨결이신 성령께서는 우리를 둘러싸고 계시고, 우리의 관계 속에 일하고 계시며, 우리 각 사람 안에 계십니다. 우리는 성령께서 우리 가운데 계신다는 사실을 확신해야 합니다.

본문 3절은 "성령이 하나 되게 하실 것이다"라고 말하지 않고, "성령이 하나 되게 하셨다"라고 말합니다. 하나 되도록 이미 주신 은혜인 것입니다.

우리의 책임, 힘써 지키는 것

모든 겸손과 온유로 하고 오래 참음으로 사랑 가운데서 서로
용납하고 평안의 매는 줄로 성령이 하나 되게 하신 것을 힘써
지키라(엡 4:2-3).

각양각색의 초목들과 작은 벌레들, 새들과 짐승들이 조화
롭게 살아가는 숲은 참 매력적으로 보입니다. 각각 자기 살
기에 바빠 보이는 그들은 왠지 힘겨울 것만 같습니다. 이미
빈자리가 없을 정도로 꽉 찼는데 계속해서 낯선 손님(씨앗, 벌
레, 생명들)이 곁을 찾아옵니다. 그런데도 그들은 전혀 거절하
지 않고 기꺼이 받아들입니다. 불편한데도 잘 견뎌냅니다. 자
기편을 들어 주는 존재는 하나도 없고, 오히려 힘들게만 하
는 것 같은데 잘도 용납하며 살아갑니다. 그들은 그렇게 창
조주의 숨결을 따라 조화를 이루고 하나가 됩니다.

온실과 비교해 볼 때, 무질서와 혼돈 가운데 놓인 것만 같
은 그들이 조화롭고 질서 있게 살아갈 수 있는 이유는 창조
주 앞에 겸손하기 때문일 것입니다. 주어진 상황에 강하게
반발하기보다 묵묵히 받아들이는 온유가 있기 때문일 것입
니다. 자연은 오래 참고 견디는 인내가 만들어 낸 신비스러

운 작품인 것입니다.

우리 곁에도 우리를 찾아 가까이 온 사람들이 있습니다. 그들과 어떻게 조화와 연합을 이룰 수 있을까요? '곁'과 '편' 중에서 우리는 어느 것을 선택해야 할까요? 곁에 있는 사람들이 다 내 편이 되고, 그 수가 점점 더 많아지기를 바라는 것은 어리석은 생각입니다. 창조주께서 만드신 세계에 '편'이란 존재하지 않습니다. 동종이 가득하면 오히려 먹이사슬이 파괴돼 생태계에 크나큰 위기를 초래하게 됩니다. 곁에 있는 생명들은 같은 먹이를 먹어야 하기에 내 몫을 빼앗습니다. '편'은 우리를 자유롭게 하는 것이 아니라 오히려 고통스럽게 할 뿐입니다.

그러므로 우리는 곁에 있는 사람들을 자기편으로 만들려고 해서는 안 됩니다. 내 편을 만들려고 하면 당연히 불편한 사람은 밀어내야 합니다. 결국 공동체의 조화와 연합은 불가능해집니다.

우리를 하나 되게 하신 은혜를 힘써 지키지 않으면 우리의 소중한 관계는 쉽게 무너지고 맙니다. 바벨탑을 세우려 했던 사람들은 하나가 되고 싶어 했습니다. 그들은 흩어지지 말자며 단단히 결속했습니다. 그러나 그들의 진짜 속마음을 들여다보십시오.

성읍과 탑을 건설하여 그 탑 꼭대기를 하늘에 닿게 하여 우리 이름을 내고 온 지면에 흩어짐을 면하자(창 11:4하).

그들 안에는 겸손이 아니라 교만이 도사리고 있었습니다. 온유가 아니라 강함과 힘자랑이 마음에 가득 차 있었습니다. 따라서 높은 탑으로 주변을 기죽게 하고 두려움을 심어 주고자 했습니다. 하지만 하나님이 언어를 혼잡하게 하심으로써 대화가 단절되었고, 협력하지 못하게 된 그들은 서로 견디지 못해 갈라서고 말았습니다.

안타깝게도 우리 역시 관계의 실패를 경험하곤 합니다. 혹시 겸손한 마음 없이, 예수님의 이름보다 자신의 이름을 중요하게 여기며 자랑하려 하지는 않았나요? 온유함보다 자기 자존심을 높이려 하지는 않았나요? 마음에 겸손과 온유가 부족했기 때문에 서로 대화가 막히고 참지 못한 것은 아닌지 생각해 볼 필요가 있습니다.

사실 알고 보면 실패는 은혜입니다. 우리 마음을 주님 앞으로 인도하는 귀한 선물인 것입니다. 실패가 쓴 뿌리가 되지 않도록 소중한 교훈으로 삼아야 할 것입니다. 우리의 마음과 영성이 겸손, 온유, 인내로 채워지기를 기원합니다.

교회로 들어오는 사람이나 나가는 사람들을 가만히 살펴보면, 관계에서 받은 상처가 원인인 경우를 종종 봅니다. 소중한 관계가 무너지는 것은 순간이고, 회복하는 데는 정말 많은 시간이 걸립니다. 만약 관계에 실패했거든 아픔을 숨기려 하지 마십시오. 잘 아파야 제대로 낫습니다. 회복의 과정은 상처를 함부로 건드리지 않고 싸매어 줌으로써 이루어집니다. 서로 비난하지 말고, 근거 없는 소문을 만들어 퍼뜨리지 마십시오. 내게도 겸손과 온유가 없었음을 자각하며 부끄러워하십시오. 서로에게 겸손하고, 친절하고, 온유하고, 인내하는 공동체가 되기를 소원합니다.

눈을 들어 하늘을 바라보면 그곳에 만유의 주님이 계십니다. 감사하며 그분을 높이는 예배자가 되십시오. 주님이 우리의 관계 속에서 일하고 계신다는 것을 잊지 마십시오. 주님의 시간을 소중히 여기고 주님 말씀을 듣듯이 서로에게 행하십시오. 주님이 우리 각 사람 안에 살아 계신다는 것도 기억하십시오. 그때 하나님의 숨결이신 성령께서 도우실 것입니다. 숲의 생명들처럼 우리 공동체에도 조화와 연합이 회복될 것입니다.

4

지극히
선한 마음으로

믿음이 연약한 자를 너희가 받되 그의 의견을 비판하지 말라
어떤 사람은 모든 것을 먹을 만한 믿음이 있고 믿음이 연약한
자는 채소만 먹느니라 먹는 자는 먹지 않는 자를 업신여기지
말고 먹지 않는 자는 먹는 자를 비판하지 말라 이는 하나님이
그를 받으셨음이라 남의 하인을 비판하는 너는 누구냐 그가 서
있는 것이나 넘어지는 것이 자기 주인에게 있으매 그가 세움을
받으리니 이는 그를 세우시는 권능이 주께 있음이라…만일 음
식으로 말미암아 네 형제가 근심하게 되면 이는 네가 사랑으로
행하지 아니함이라 그리스도께서 대신하여 죽으신 형제를 네
음식으로 망하게 하지 말라 그러므로 너희의 선한 것이 비방을
받지 않게 하라 하나님의 나라는 먹는 것과 마시는 것이 아니
요 오직 성령 안에 있는 의와 평강과 희락이라

롬 14:1-17

우리는 살다 보면 종종 오해를 받습니다. 상대방이 내 진심을 몰라주고, 내 말을 곡해하고 무시하고 판단할 때 마음에 상처를 받습니다. 한편 우리 역시 사람들을 오해하곤 합니다. 상대방의 진심을 우리가 어떻게 알겠습니까?

가족 관계에서도 예외는 아닙니다. 때로 늦게 들어온 아이에게 엄마, 아빠가 크게 호통을 칩니다. 그러면 아이는 호통만 들었지 엄마, 아빠의 걱정했던 마음은 모릅니다. 우리 인생의 슬픔과 아픔, 외로움, 내 속사정, 내 마음속 진심을 누구도 알지 못한다는 것입니다. 만약 단 한 사람이라도 내 진심을 알고 깊은 속마음을 헤아려 준다면 우리는 외롭지 않을 것이고, 살아갈 희망과 용기도 얻게 될 것입니다.

　사도행전 15장에는 안디옥에서 파송되어 제1차 전도 여행을 다녀온 바울과 바나바가, 제2차 전도 여행을 준비하던 때의 일화가 소개되어 있습니다. 그때 바울과 바나바는 ‘마가라 하는 요한을 데리고 갈 것인가, 데려가지 말 것인가?’라는 문제를 놓고 심히 다투고 갈라섰습니다. 마가 요한이 제1차 전도 여행 도중 밤빌리아에서 도중하차하고 말았는데, 어떤 이유로 마음이 변했는지는 모르지만 제2차 전도 여행에 동행하기를 원했던 것 같습니다. 그런데 바울은 전도 여행 중간에 떠나 버렸던 마가를 도저히 용납할 수가 없었습니다. 그는 마가와 다시 동행하는 것은 현명한 처사가 아니라고 생각했습니다. 하지만 바나바는 마가를 데려가자는 주장을 굽히지 않았습니다. 의견 차이가 절친한 동역자 사이를 갈라서게 만들고 말았습니다.

　이처럼 심하게 다툴 때 바울과 바나바는 서로를 어떻게 바라보았을까요? 아마도 바나바는 바울을 볼 때 사람을 쉽게 내치는 속 좁고 잔인한 인간으로 여겼을 것 같습니다. 그리고 바울은 바나바를 볼 때 자기 조카라고 무조건 마가 편을 드는 인간으로 판단했을 것 같습니다. 하지만 정말 바울은 잔인한 마음으로 마가와의 동행을 거부했던 것일까요? 정말 바나바는 앞뒤 가리지 않고 팔이 안으로 굽는 마음으로 마가와 동행하자고 했던 것일까요? 그들의 마음속에 있는 진심 어린 걱정과 고민은 무엇이었을까요? 서로를 선한 마음으로 바라보았다면 심히 다투고 갈라서지는 않았을 것 같습니다. 그들은 상대방을 부정적으로 보았기에 함께 갈 수가 없었습니다.

우리는 사람들에 대해서 쉽게 판단하고 해석합니다. 우리의 진심을 알아주지 못하는 많은 사람과의 관계 속에서 때로는 아프고, 억울하고, 외로운 마음으로 살아가기도 합니다. 우리가 지극히 선한 마음으로 서로를 바라볼 수 있다면 얼마나 좋을까요?

하나님의 마음으로 크게 보라

지극히 선한 마음이 얼마나 소중한 마음인지에 대해 본문은 바울의 편지를 통해서 소개해 주고 있습니다. 바울은 로마에 있는 믿음의 공동체가 의견 차이로 대립하고 있다는 이야기를 전해 듣고 그들에게 편지를 썼습니다. 그들은 어떤 문제로 서로 등 돌리고 있었던 것일까요?

두 가지 문제가 소개되고 있습니다. 하나는 음식 문제였습니다. 한편의 사람들은 "우리가 먹을 수 있는 음식이 있고, 절대로 먹어서는 안 되는 음식이 있다"라고 주장했습니다. 하지만 또 한편의 사람들은 "이제는 그리스도 안에서 하나님이 모든 음식을 거룩하게 하셨다. 우리는 모든 것을 먹을 수 있다"라고 말했습니다.

또 하나는 특정한 날을 지키는 문제였습니다. 한편의 사람들은 "안식일은 특별한 날이다. 이날은 주님이 구별하신 날이기에 꼭 지켜야 한다"라고 주장했습니다. 하지만 다른 한편의 사람들은 "이제는 그리스도 안에서 모든 날이 다 주의 날이다"라고 말했습니다. 그들은 팽팽한 의견 차이로 서로 대립했습니다. 서로 자신들이 옳다고 생각한 그들은 상대방을 어떻게 바라보았을까요? 아마도 삐딱하고 부정적인 눈으로 바라보았을 것입니다.

로마에 있는 믿음의 공동체가 취하는 두 입장은 마치 자유주의와 보수주의의 특징을 보여 주고 있는 듯합니다. 흔히 자유주의자들은 보수주의자들을 업신여기는 경향이 있습니다. 반대로 보수주의자들은 자유주의자들을 판단하고 정죄하곤 합니다. 그러한 경향이 로마 교회에도 동일하게 존재했던 것입니다. 아무것이나 먹을 수 있고 모든 날을 같게 여기는 사람들은, 음식을 까다롭게 나누고 안식일을 지키려는 사람들을 업신여겼습니다. 반면 음식법과 안식일을 잘 지켜야 한다고 생각하는 사람들은 자유로워 보이는 사람들을 판단하고 정죄했습니다.

앞서 언급했듯이 본문은 갈등과 분쟁을 겪고 있는 믿음의 공동체에게 보낸 바울의 편지입니다. 그렇다면 바울은 양쪽 그룹의 사람들을 어떻게 보고 있을까요? 바울은 그들의 간격을 좁힐 수 있었을까요?

> 먹는 자는 먹지 않는 자를 업신여기지 말고 먹지 않는 자는 먹는 자를 비판하지 말라 이는 하나님이 그를 받으셨음이라 (롬 14:3).

바울은 한마디로, "하나님의 마음으로 크게 보라", "서로를 품으라"고 권면하고 있습니다. 사실 사람의 마음을 가만히 살펴보면 좁게 여겨질 때가 많습니다. 세월이 가고 나이가 들면서 우리의 마음은 넓어지는 것일까요, 좁아지는 것일까요? 종종 어린아이들을 보면 훨씬 더 크고 넓은 마음을 가진 것 같습니다. 왜냐하면 아이들은 인종을 가리지 않고 금방 친구가 되고, 말도 통하지 않는데 잘 놀기 때문입니다. 그들에게 펼쳐진 세상은 커다란 호기심 덩어리여서, 궁금한 마음으로 모든 것들에 대해 계속해서 알아 가려고 합니다.

하지만 그런 아이도 어른이 되면서 점점 까다로워지기 시작합니다. 불편한 일들을 자꾸 겪고, 상처의 두께가 굵어지면서 편견이 생겨납니다. 이제 뭐는 좋은데, 뭐는 싫습니다. 그래서 점점 속 좁은 마음으로 인생을 살아가게 됩니다. 그런데 바울은 "다시 하나님의 마음으로 보자"라고 조언하고 있습니다.

이 땅에는 많은 갈등과 분쟁이 있습니다. 언제부터인가 윗동네와 아랫동네 사이가 나빠져 아예 담을 쌓아 놓기도 하고 왕래하지도 않습니다. 하지만 높은 산에 올라가 내려다보면 다른 풍광이 펼쳐집니다. 윗동네와 아랫동네가 한 물줄기로 연결되어 있고, 길도 하나입니다. 더 나아가 높은 우주에서 지구를 내려다보면 우리가 사는 세상은 참 다르게 보입니다. 땅에서는 전쟁과 분쟁이 끊이지 않고 국경에는 철저하게 경계선이 쳐져 있어 대결 구도를 형성하고 있지만, 우주에서 내려다보는 지구는 국경도, 경계선도 없는 매우 아름다운 푸른 별입니다.

이처럼 하나님은 모두를 품으시고 신실한 사랑으로 바라보시는데 우리의 속이 그만 좁아져 버린 것입니다. 그래서 받아들이지 못하고, 밀어내고, 다투는 지경에 이르게 된 것입니다. 과연 주님의 마음으로 크게 볼 수는 없는 것일까요?

주를 위해, 지극히 선한 마음으로

바울은 이어서 특별한 말을 합니다. 양쪽 그룹에 대해 신기한 해석을 하고 있습니다.

> 어떤 사람은 이날을 저 날보다 낫게 여기고 어떤 사람은 모든 날을 같게 여기나니 각각 자기 마음으로 확정할지니라 날을 중히 여기는 자도 주를 위하여 중히 여기고 먹는 자도 주를 위하여 먹으니 이는 하나님께 감사함이요 먹지 않는 자도 주를 위하여 먹지 아니하며 하나님께 감사하느니라(롬 14:5-6).

바울은 양쪽 그룹의 사람들이 모두 '주를 위해서' 그런 입장을 갖게 된 것이라고 변호합니다. 진정 그들은 주를 위해 먹고, 또 주를 위해 먹지 않는 것일까요? 그들이 주를 위해 어떤 날을 중요하게 지키고, 주를 위해 모든 날을 같게 여겼던 것이 사실일까요?

아마도 사람들은 바울과 판이하게 해석하고 있었을 것입니다. 아무 음식이나 먹고 모든 날을 같게 여기는 이들에 대해서는, 자유주의의 영향으로 세속과 타협해 신앙의 본분을 훼손시킨 사람들로 여겼을 것 같습니다. 반면에 음식을 까다롭게 가리고 정한 날을 지키는 이들에 대해서는, 그리스도 안에 있는 복음의 자유를 율법으로 바꾸어서 율법주의자들처럼 행한다고 판단했을 것 같습니다. 누가 제대로 보고 있는 것일까요? 분쟁 중에 있는 성도들일까요, 바울일까요?

바울은 더 나아가서 이렇게 덧붙였습니다.

> 우리 중에 누구든지 자기를 위하여 사는 자가 없고 자기를 위하여 죽는 자도 없도다 우리가 살아도 주를 위하여 살고 죽어도 주를 위하여 죽나니 그러므로 사나 죽으나 우리가 주의 것이로다(롬 14:7-8).

예수님이 사랑하는 제자들과 함께했던 3년간의 사역을 마치시고 마지막 고난의 십자가를 지게 되셨을 때였습니다. 그때 제자들은 예수님이 잡혀 끌려가시는 과정에서 예수님을 따르지 않았습니다. 심지어 베드로는 세 번이나 예수님을 부인했습니다. 예수님의 죽음 이후 모든 제자들은 실패한 마음으로 고향에 돌아가서 다시 평범한 어부로 살아가려고 했습니다.

그들의 마음속은 어땠을까요? 그들은 로마 군병들 앞에서 두려워했고, 이제는 주님을 버렸다는 패배감, 죄책감, 그리고 스스로 배신자라는 생각에 사로잡혔을 것입니다. 낙담한 그들은 살 소망을 잃고 다시 호숫가로 돌아가서 고기를 낚았습니다.

그런데 그들에게 부활하신 주님이 찾아오셨습니다. 주님은 그들을 위해 아침 식사를 준비해 놓으시고 그들을 초대하셨습니다. 왜 배신했냐고, 꾸짖지도, 탓하지도 않으시고 단지 "네가 나를 사랑하느냐?"라고 물으셨습니다. 베드로는 두려움 가운데 주님께 고백했습니다.

> 주님 그러하나이다 내가 주님을 사랑하는 줄 주님께서 아시나이다(요 21:15하).

그러자 주님은 다른 말씀을 하지 않으시고, "내 양을 먹이라", "내 양을 치라", "내 양을 먹이라"고 하셨습니다.

주님은 왜 그렇게 물으셨고, 왜 그런 부탁을 하신 것일까요? 베드로의 마음을 매우 잘 아셨습니다. 베드로 안에 있는 무너진 마음, 부끄러운 마음, 죄책감, 패배감, 스스로 배신자라고 낙인찍은 마음, 너무 힘들어하는 그의 사정을 다 아셨습니다. 하지만 주님은 베드로를 다르게 보셨습니다.

"베드로야, 네게는 나를 사랑하는 마음이 있지 않니? 너 나 사랑하잖아. 그럼 됐어. 그것으로 다시 시작하자. 내 양을 먹이렴. 내 양을 치고, 내 양을 먹이렴."

바로 이것이 주님의 마음이요, 주님의 은혜입니다. 주님은 지극히 선한 마음으로 실패한 제자들을 바라보고 계셨던 것입니다.

구약성경 열왕기상 21장 29절에서도 하나님의 마음을 읽을 수 있습니다. 이스라엘 왕 아합에 대한 이야기입니다. 우리는 성경을 통해 아합이 여호와 앞에 얼마나 많은 악을 행했는지 알 수 있습니다. 그는 여호와의 선지자들을 엄청나게 많이 죽였고, 엘리야를 원수처럼 여기는 통치자였으며, 항상 이스라엘을 괴롭히는 왕이었습니다. 한심하고, 욕심 많고, 개념 없는 왕 아합에게 하나님이 진노하지 않으실 리가 없습니다. 하나님의 진노는 엘리야 선지자를 통해서 그에게 전해졌습니다.

내가 재앙을 네게 내려 너를 쓸어버리되 네게 속한 남자는 이스라엘 가운데에 매인 자나 놓인 자를 다 멸할 것이요(왕상 21:21).

엘리야의 예언을 들은 아합은 옷을 찢고, 굵은 베로 몸을 동이고, 금식하고, 굵은 베에 누웠으며, 풀이 죽어 다녔습니다. 그런 아합을 보신 하나님은 엘리야에게 이렇게 말씀하셨습니다.

아합이 내 앞에서 겸비함을 네가 보느냐 그가 내 앞에서 겸비하므로 내가 재앙을 저의 시대에는 내리지 아니하고 그 아들의 시대에야 그의 집에 재앙을 내리리라 하셨더라(왕상 21:29).

그때 엘리야는 어떤 생각이 들었을까요? 아마도 엘리야의 심정은 이러했을 것입니다.

'하나님, 속지 마세요. 아합은 정말 나쁜 인간입니다. 지금 굵은 베로 몸을 동이고 풀이 죽어 다니는 것은 다 쇼입니다! 그가 얼마나 많은 예언자를 죽였습니까? 악랄하고 우상을 숭배하는 아합을 왜 살려 두십니까? 당장에 치십시오.'

사실 엘리야의 마음이 바로 우리의 마음 아닌가요? '하나님은 왜 그렇게 잘도 넘어가시나? 그 인간들 안 바뀔 텐데'

하는 마음 말입니다.

주님은 우리에게 많은 문제가 있다는 것을 아시면서도 염두에 두지 않으십니다. 우리 안에 남아 있는 주님을 사랑하는 마음, 주님을 더 알고 싶고 닮고 싶은 마음을 기뻐하시며 또 한 번 기회를 주십니다. 지극히 선한 마음으로 우리를 대해 주시기에 우리는 감사함으로 주님과 함께 믿음의 삶을 살아갈 수 있는 것입니다. 이제 우리도 지극히 선한 마음으로 살아가기 원합니다. 주님의 마음으로 사람들을 바라봅시다.

한때 공동체에 대해 관심이 많았을 때 '브루더호프'(Bruderhof)라는 귀한 공동체를 알게 되었습니다. 독일에서 시작해 영국과 미국 등지에도 자리를 잡은 공동체로서, 그들은 개인 재산도 없이 함께 살아가고 있습니다. 브루더호프를 처음 시작한 분은 고(故) 에버 하트 아놀드입니다. 그분에 대한 책에서 그분이 어떤 분이신지와 공동체 초창기 때 겪었던 어려움들을 간접적으로나마 접할 수 있었습니다.

처음 공동체를 시작했을 때는 여러 사람들이 찾아오다 보니 어려운 일도 많았다고 합니다. 선한 마음으로 찾아온 사람들도 있었지만 개인적인 욕심과 생각을 갖고 방문한 사람도 있었기 때문입니다. 때로는 공동체 전체가 피해를 보는 일이 생기기도 했습니다. 그때 동료들은 에버 하트 아놀드에게 "제발 사람을 쉽게 믿지 마십시오. 사람을 가려야 합니다"
라고 이야기했습니다. 그러자 그분은 이렇게 답하셨다고 합
니다.

"저는 의심하면서 살고 싶지 않습니다. 의심하며 살기보다
는 차라리 배신을 당하면서 살겠습니다."

그 고백을 접했을 때 '정말 주님의 마음을 지닌 사람이구
나!'라고 느꼈습니다. 우리 예수님과 꼭 닮았습니다. 주님은
제자들을 의심하며 대하신 것이 아니라 믿어 주셨고, 그로써
배신도 당하셨습니다. 그런데 배신을 당해도 또 믿어 주셨습
니다. 지극히 선한 마음으로 이 땅에서 만난 한 사람 한 사람
을 대해 주셨습니다.

속 좁은 마음에서 너그러운 마음으로

성경에서 예수님과 제자들이 함께 걸어간 발자취를 보면 예
수님과 제자들은 서로 많이 달랐습니다. 제자들은 너무 속이
좁았습니다. 한번은 제자들이 전도 여행을 갔다가 어떤 사람
이 주님의 이름으로 사역하는 모습을 보았습니다. 제자들은
그에게 다가가 자신들과 함께하자고 청했는데 거절을 당하

고 말았습니다. 그러자 그의 사역을 금지시켰고, 돌아와서는 예수님께 자랑스럽게 보고했습니다. 제자들의 말을 들으신 예수님은 이렇게 말씀하셨습니다.

> 금하지 말라 너희를 반대하지 않는 자는 너희를 위하는 자니라(눅 9:50).

또 언젠가 예수님이 사마리아인 마을에 들어갔을 때였습니다. 예수님이 예루살렘을 향해 가신다는 것을 알았던 마을 사람들은 예수님 일행을 받아들이지 않았습니다. 그때 제자들은 "우리가 불을 명하여 하늘로부터 내려 저들을 멸하라 하기를 원하시나이까"(눅 9:54)라고 흥분하며 말했습니다. 그러자 예수님은 그들을 돌아보며 꾸짖으시고 묵묵히 마을을 통과해 가셨습니다.

예수님은 속 좁은 제자들의 마음을 계속해서 넓혀 주셨습니다. 제자들이 주님의 마음을 지니고, 주님의 마음으로 서로를 바라보기를 바라셨습니다. 온유하고 겸손해져서 모두에게 너그러워지기를 원하셨습니다.

때때로 교회에 분쟁이 생길 때 그 안을 들여다보면 서로 의견과 입장이 달랐다는 것을 알 수 있습니다. 그래서 모두가 함께 아픈 상황 속을 걸어가게 되었던 것입니다. 그런데 누가 옳고, 누가 그른 것일까요? 판단할 수 없습니다. 단지 교회를 생각하는 마음이 조금 달랐던 것일 뿐입니다. 반대를 한 사람들에게도 교회를 사랑하고 아끼는 마음과 주님을 위하는 마음이 있었고, 찬성한 사람들도 마찬가지였습니다. 그것은 그들의 진심이기도 합니다. 하지만 양쪽 다 지극히 선한 마음으로 상대방의 속마음을 들여다보지는 못했습니다.

주님이 각 사람의 마음을 더욱 크게 격려하시고 은혜를 주셔서 서로를 너그럽게 볼 수 있게 되기를 소망합니다. 서로 생각과 입장이 달랐지만 모두가 주님이 소중하게 여기시는 사람들이고, 모두 주님을 위하는 마음이 있었다는 것을 깨달을 수 있기를 바랍니다. 그래서 그 아픈 시간을 이제는 주님과 함께 신실하게 걸어가기를 소망합니다.

바울은 의견 충돌 및 입장 차이로 대립하고 갈라진 교회 공동체를 주님의 사랑 안으로, 하나님 나라로 초대하고 있습니다. 하나님이 그들을 어떻게 생각하시는지, 그들이 누구인지, 그리고 하나님이 어떤 하늘의 선물을 풍성하게 내려 주고자 하시는지 알려 주려고 초대하고 있습니다. 하나님이 어떤 공동체를 이루기 원하시는지를 깨닫고 변화되도록 격려를 아끼지 않습니다.

하늘의 선물, 의와 평강과 희락

> 하나님의 나라는 먹는 것과 마시는 것이 아니요 오직 성령 안
> 에 있는 의와 평강과 희락이라(롬 14:17).

바울은 하나님 나라의 교제에 대해 이야기하면서 그곳으로 초대합니다. '먹고 마시는 것'은 눈에 보이는 생활이요 교제입니다. '성령 안에 있는 의와 평강과 희락'은 보이지 않는 내면의 영역입니다. 보이는 것과 보이지 않는 것 중에 어느 것이 더 중요할까요? 한 그루의 나무에게 보다 중요한 것은 눈에 보이는 나무 기둥과 나뭇가지가 아니라 땅 속 뿌리입니다. 겉으로 아무리 잘 서 있는 듯해도 뿌리에 문제가 있다면 건강하다고 말할 수 없습니다. 보이는 것보다 보이지 않는 것이 훨씬 소중합니다. 하나님 나라의 성령 공동체도 마찬가지입니다. 보이는 교제가 아니라 각 사람 안에 계신 성령 안에서의 교제, 보이지 않는 영성이 훨씬 더 소중합니다.

하나님의 숨결이시며 예수 그리스도의 영이신 성령 안에는 '의', '평강', '희락'이라는 하늘의 선물이 담겨 있습니다. 우리가 이 세 가지 부르심의 선물을 깨달아 소중히 간직하고 서로에게 나누어 줄 수 있기를 바랍니다.

의

한자 '옳을 의'(義) 자를 보면, 위에 '양 양'(羊) 자가 있고 아래에 '나 아'(我) 자가 있습니다. 즉 '의'라는 단어는 '양에게 나를 복종시키는' 형태의 단어로 구성되어 있는 것입니다. 다른 번역 성경에서는 '의'를 '하나님과의 올바른 관계'로 표현하고 있습니다.

우리 중에는 의인이 없습니다. 우리는 하나님 앞에 죄인일 뿐, 우리에게 의가 있지 않습니다. 하지만 어린양이신 예수 그리스도의 보혈과 십자가의 은혜를 통해서 우리는 값없이 의롭다 함을 얻었습니다. 정리하면, 우리는 결코 의인이 아니라 의롭다 함을 받은 것입니다. 본문 3절에는 "하나님이 그를 받으셨음이라"라는 표현이 나옵니다. 이어지는 4절과 15절은 다음과 같이 말합니다.

> 그가 서 있는 것이나 넘어지는 것이 자기 주인에게 있으매 그가 세움을 받으리니 이는 그를 세우시는 권능이 주께 있음이라(롬 14:4).

> 그리스도께서 대신하여 죽으신 형제…(롬 14:15).

모두 나와 같을 수 없습니다. 오히려 나와 생각이 전혀 다르거나 입장이 팽팽한 사람들이 더 많을 수 있습니다. 하지만 그들을 판단하거나 업신여길 권한이 내게 있지 않다는 사실을 알아야 합니다. 나도 의롭지 않기 때문입니다. 우리 모두는 주님의 은총을 통해서 의롭다 여김을 받은 것일 뿐입니다. '다르다'라는 것은 다른 것일 뿐 틀린 것이 아닙니다. 예수님은 그들을 위해서도 죽으셨고, 그들 역시 값없이 의롭다 여겨 주셨습니다. 서로를 주님이 매우 소중하게 품으시는 사람들로 바라볼 때 하나님 나라의 공동체, 성령의 공동체는 세워질 수 있습니다.

생명의 숲속을 들어가 보면 각양각색의 존재들이 엉켜서 살아갑니다. 그들은 너무 달라서 때로는 서로를 불편하게 하기도 합니다. 하지만 그들 모두는 창조주께서 주시는 햇볕과 비를 공급받으면서 그분의 은총 가운데 살아가고 있습니다. 하나님은 그들 중에 어느 누구도 배척하신 적이 없고, 모든 생명과 존재를 한없이 너그러운 품에 안아 주고 계십니다. 우리에 대한 주님의 마음도 그렇습니다. 우리가 주님의 마음을 따라, 지극히 선한 마음으로 서로를 의롭게 볼 수 있게 되기를 소원합니다.

평강

생명의 숲에 평화는 어떻게 찾아오는 것일까요? 사실 숲에 속한 생명과 존재들은 평화를 스스로 만들어 내지 못합니다. 평화는 하늘이 주시는 선물이기 때문입니다. 숲에 거주하는 생명들 중에서 누구도 스스로 주인 노릇을 하거나 우두머리가 되려고 하지 않습니다. 그들 모두는 창조주 앞에서 마치 그분을 경외하는 듯 겸손히 자신들에게 주어진 작은 것에 감사하며 만족합니다. 때로는 주어진 삶이 결코 평탄하지 않고 불편하기도 하지만, 그들은 감수해 내면서 창조주의 선하심을 신뢰하고 기다리는 것만 같습니다. 그들에게는 기다림이 가득합니다. 그들의 기다림과 침묵 속에서 우리가 생각하지 못했던 평화가 있음을 발견하게 됩니다. 생명들은 평화 속에서 서로를 맞이하고 더불어 살아갑니다.

믿음의 공동체요, 하나님 나라의 공동체이며 성령의 공동체인 교회도 그렇게 부르심을 받았습니다. 우리 모두는 모든 면에서 같아질 수 없습니다. 따라서 우리는 나와 다른 사람이 틀린 것이 아니라 다를 뿐임을 인정하고, 주님이 우리 모두를 품고 계신다는 사실을 받아들여야 합니다. 우리가 주님을 경외하는 마음을 놓치지 않고, 때로는 불편하고 힘들지만 창조주의 주 되심을 기억하고 잠잠히 그분의 때를 기다리면 우리의 불편한 시간들이 우리를 더 귀하게 만들어 갈 것입니다. 그때 주님이 주시는 평강의 선물이 주어질 것입니다.

우리는 고난 속에서도 창조주의 숨결이신 성령께서 여전한 사랑으로 우리 가운데 계시며 우리를 두르시고 있다는 사실을 놓쳐서는 안 됩니다. 그러면 평강으로 고난과 분쟁의 시간들을 지나갈 수 있을 것이고, 서로를 평화 가운데 만날 수 있을 것입니다. 평화 가운데 함께 공동체를 세워 나갈 수 있을 것입니다.

우리는 평화를 스스로 만들어 낼 수 없습니다. 속 좁은 우리가 만들어 내는 것은 분쟁뿐입니다. 하늘의 선물인 평화를 얻으려면 모든 상황에서 하나님을 경외하는 것 외에 다른 방법이 없습니다. 평화로 서로를 맞이하는 공동체가 바로 하나님 나라의 공동체입니다. 샬롬이 가득한 교회가 되기를 바랍니다.

희락

숲속의 생명들은 서로를 불편하게 하기도 하지만, 동시에 서로에게 매우 좋은 선물이 되어 줍니다. 식물들은 벅찬 상황 속에서 애써 결실한 열매를 아끼지 않고 들짐승들에게 먹이로 내어 줍니다. 스스로 먹이가 되어 주는 것입니다. 그리고 그들은 서로에게 거처가 되어 줍니다. 서로를 쉬게 해 주고, 서로를 성장하게 해 주는 것입니다. 얼마나 큰 기쁨의 선물입니까! 서로를 힘들게 하는 경쟁자이자 적인 존재가, 서로를 위하고 복되게 해 주는 가장 유익하고 좋은 선물이 되는 것입니다.

하나님 나라를 이루는 성령의 공동체도 그렇습니다. 어떻게 보면 우리는 불편한 만남들을 가진 것이고, 불편함 속에서 살아가고 있는 것이기도 합니다. 그럼에도 불구하고 주님은 우리에게 하늘의 기쁨을 주고 싶어 하십니다. 또한 하늘의 기쁨이 지체를 통해서 흘러온다는 사실을 우리가 알게 되기를 바라십니다. 우리가 서로를 지극히 선한 마음으로 바라보고 해석할 수만 있다면, 우리는 서로에게 가장 좋은 기쁨의 선물이 될 것입니다.

우리는 주님의 큰 사랑 안에 초대받았습니다. 주님은 우리의 만남 속에서 하나님이 다스리시는 하나님 나라가 이루어지기를 소망하십니다.

이제 서로를 바라볼 때, 그리스도 안에서 주님이 의롭게 여기신 존귀한 사람으로 여기며 만납시다. 그리고 우리의 삶 속에 언제나 함께하시며 우리를 두르고 계신 성령께서 우리에게 평강의 선물을 주고 계심을 결코 잊지 마십시오. 그 평화 가운데 서로를 만나게 되기를 소망합니다. 또한 하나님이 우리에게 주신 작은 기쁨들과 우리의 삶 자체가 다른 이들에게 복된 선물이 되기를 바랍니다.

우리가 서로에게 지극히 선한 마음으로 다가갈 때 예수님이 바라셨던 하나님 나라가 이 땅에 임할 것입니다. 주님의 뜻이 하늘에서와 같이 이 땅에 이루어질 것입니다. 하나님 나라의 공동체를 함께 세워 갑시다.

5
하나님이
원하시는 것

사람아 주께서 선한 것이 무엇임을 네게 보이셨나니 여호와께
서 네게 구하시는 것은 오직 정의를 행하며 인자를 사랑하며
겸손하게 네 하나님과 함께 행하는 것이 아니냐

미 6:8

우리는 함께 그리스도의 몸 된 교회를 이루고 있고, 각자 그리스도의 사람으로서 신앙생활을 하고 있습니다. 때로 우리는 "내가 바라는 교회가 아니라 주님이 원하시는 교회는 어떤 교회일까? 내가 생각하는 성도가 아니라 주님이 원하시는 성도는 어떤 모습일까?" 하고 고민해 보곤 합니다.

주님은 왜 우리를 부르셨을까요? 처음 하나님이 아브라함을 부르셨을 때를 생각해 봅시다. 아마도 그는 자기 고향 땅에서 평범하게 살아가는 것 외에는 별다른 생각이 없었을 것입니다. 하지만 아브라함은 하나님의 상상도 못한 큰 프로젝트 안으로 초대받았습니다. 생각지도 않았던 아브라함에게 하나님은 "내가 너로 큰 민족을 이루고 네게 복을 주어 네 이름을 창대하게 하리니 너는 복이 될지라…땅의 모든 족속이 너로 말미암아 복을 얻을 것이라"(창 12:2-3)라고 말씀하셨습니다.

또한 이스라엘 백성이 애굽의 노예였다가 하나님의 특별한 은혜로 구원받았을 때를 떠올려 봅시다. 하나님의 부르심을 받았을 때 그들은 어떤 생각을 갖고 있었을까요? 자신들이 머물 만한 땅, 젖과 꿀이 흐르는 가나안 땅에 대한 기대 외에는 없었을 것입니다. 하지만 그들은 하나님의 큰 프로젝트 안으로 초대받았습니다. 자신들을 통해서 열방과 민족과 먼 섬나라들이 하나님을 찾아와 예배하게 되는, 즉 제사장 나라로 부르심 받았음을 이스라엘 민족은 점차 배워 가게 되었습니다.

이것은 갈릴리 지역에서 예수님의 제자로 부르심을 받은 제자들도 마찬가지였을 것입니다. 그들 역시 예수님의 초대를 받았을 때 별 생각이 없었을 것입니다. 예수님을 따르면 모든 일이 잘되고 복 받을 것이라고 기대했을 것입니다. 하지만 그들도 하나님 나라의 큰 프로젝트 안으로 초대받았습니다. 자신들이 땅끝까지 나아가서 만민에게 복음을 전하는 통로로 부르심 받았다는 사실을 그들은 하나하나 배워 가게 되었던 것입니다.

그렇다면 주님은 왜 우리를 교회로 모이게 하셨을까요? 물론 우리의 개인적인 기대로 교회에 모였을지 모릅니다. 하지만 사실 우리는 상상도 못할 하나님의 큰 프로젝트 안으로 초대된 것입니다. 우리는 주님이 원하시는 교회와 주님이 원하시는 성도로 부르심을 받은 것입니다. 이 사실을 마음에 두고 성장과 성숙의 여정을 걸어가야 할 것입니다.

교회가 이 땅에 세워진 이유는 이 세상에서 빛과 소금이 되고, 그리스도의 향기를 나타내고, 그리스도의 편지가 되라는 하나님의 뜻을 이루기 위해서입니다. 이 부르심에 대해 영국성공회 주교였던 윌리엄 템플은 이렇게 표현했습니다.

"교회는 자신의 유익이 아니라 바깥에 있는 사람들을 위해 존재하는 유일한 사회다."

본문인 미가서 6장 8절은 한 사람이 하나님께 올려 드리는 하나의 질문으로 시작되었습니다.

"하나님을 기쁘시게 해 드리고 싶은데 무엇을 드리면 좋을까? 번제물로 1년 된 송아지를 드릴까? 수천 마리의 숫양을 드릴까? 수만의 강물 같은 기름을 드릴까? 내 맏아들을 드릴까? 내 몸의 열매를 드릴까?"

하나님을 기쁘시게 해 드리고 싶은 마음으로 던진 질문입니다. 그때 그는 하늘의 음성을 듣게 됩니다.

오 사람아, 무엇이 좋은지 이미 그분께서 네게 말씀하셨다. 여호와께서 네게 원하시는 것은 공의에 맞게 행동하고 긍휼을 사랑하며 겸손히 네 하나님과 함께 행하는 것이다(미 6:8, 우리 말성경).

우리는 하나님께 우리의 무엇을 드려야겠다고 생각하지만 하나님은 우리에게 무언가를 받으시려는 분이 아닙니다. 우리가 어떻게 살아가야 하는지를 말씀하십니다. "공의에 맞게 행동하라", "긍휼을 사랑하라", "겸손히 네 하나님과 함께 행하라." 이것이 바로 주님이 우리에게 진정 원하시는 것입니다.

공의에 맞게 행하라

공의란 무엇일까요? 공의는 단순히 법을 잘 지키는 것을 말하지 않습니다. 법은 매우 작은 것에 불과하기 때문입니다. '공의에 맞게 행하는 것'은 하나님의 마음과 하나님의 눈으로 하나님이 창조하신 세계를 바라보고, 품고, 대하고, 내가 할 수 있는 일을 감당해 나가는 것을 의미합니다.

우리는 가끔 "저 사람은 법 없이도 살 수 있어"라고 말하게 되는 사람을 만나곤 합니다. 어떤 사람을 가리키는 것일까요? 그 사람은 법이 무엇인지 잘 모릅니다. 하지만 자기보다는 많은 사람을 생각하는 사람입니다. 자기 가족뿐만 아니라 이웃, 넓게는 멀리 지구촌 저편에 있는 사람들까지도 생각하고, 오늘 이 시대만이 아니라 다음 세대도 생각해 '무엇이 더 옳은 것일까?'를 고민하며 사는 사람입니다.

구약성경을 읽다 보면, 하나님이 택하신 백성인 이스라엘에게만 주신 법이 있다는 것을 알게 됩니다. 그것은 바로 7년마다 지키는 안식년 제도와 50년째 찾아오는 희년 제도에 관한 법입니다. 두 제도를 요약하면 이렇습니다.

"7년째가 되면 빚진 사람들의 빚을 다 탕감해 주어라. 혹 어쩔 수 없이 종이 된 사람이 있으면 자유인이 되게 해 주어라. 50년째가 되면 피치 못한 사정으로 땅을 팔았던 사람의 땅을 원소유주에게 돌려주어라."

여기에는 함께 살고 있는 나그네들을 동족처럼 대해 주라는 말씀도 담겨 있습니다(레 25장). 이 말씀들은 무엇을 의미하며, 하나님은 당신이 택하신 백성에게 왜 이런 법을 만들어 주셨을까요?

우리가 함께 살아가는 사회에는 누구도 원하지 않았지만 어쩔 수 없는 차이가 생겨나기 마련입니다. 우리는 명백히 존재하는 서로 간의 차이를 인정하며 이웃과 더불어 살아가야만 합니다.

그런데 하나님의 마음은, 차이가 있을 수밖에 없는 현실을 넘어 서로를 커다란 하나님의 가족으로 보라는 것입니다. "이제 너희 가까이에 있는 사람들 중에 약하고 힘이 없어진 지체들을 소중히 돌보아 주라"는 하늘의 마음이 담겨 있는 것입니다. 주님이 택하신 백성에게 더불어 함께 살아가는 건강한 사회를 부탁하신 말씀이기도 합니다. 그와 같은 하나님의 마음으로 선택하며 살아가는 것이 '공의에 맞게 행하는 것'입니다.

예수님은 유대 땅에서 태어나 유대인으로 사셨습니다. 혈연과 지연을 목숨만큼 소중히 여겼던 유대인들의 틈바구니에서 예수님은 오해를 받으면서도 모두를 가족으로 품는 길을 걸으셨습니다. 예수님의 가슴 안에는 유대 땅이나 유대 민족을 벗어나 온 땅의 사람들이 있었던 것입니다. 한 예로, 예수님의 일화 중에 어머니와 형제들이 예수님을 찾아온 일이 있었습니다. 한 사람이 예수님께 "보소서 당신의 어머니와 동생들이 당신께 말하려고 밖에 서 있나이다"(마 12:47)라고 말했습니다. 그러자 예수님은 생각지도 않은 말씀을 하셨습니다.

예수님이 그 말씀을 하신 이유는 가족을 배척하시기 위해서가 아니었습니다. 우리가 생각하는 좁은 가족이 아니라 하나님의 더 큰 가족이 있다는 사실을 깨우쳐 주려고 하셨던 것입니다.

예수님은 당시 유대인들이 상종하지도 않던 사마리아 사람들을 쉽게 만나셨고, 그 마을을 걸어 다니시며 그들에게 좋은 이웃이 되어 주셨습니다. 유대인들이 천하게 생각했던 세리들과 죄인들과도 만나 친구가 되어 주셨습니다. 예수님은 우리가 모두를 소중한 하나님의 사람으로, 가족으로 바라볼 수 있기를 원하셨던 것입니다. 예수님이 종종 부자들을 꾸짖으셨는데 그들에게 가난한 사람들을 가족처럼 돌봐야 한다는 사실을 깨우쳐 주시기 위해서였습니다.

저는 캐나다에서 13년 넘게 살았습니다. 그곳에서 신실한 그리스도인들을 만나게 되었는데, 그들의 삶을 보면서 부러웠고, 도전도 많이 받았습니다. 정말 그들처럼 살고 싶은 마음이 간절했습니다. 그들은 작은 교회를 이루고 있었음에도 불구하고 지구촌을 가슴에 품은 큰 사람들로 여겨졌습니다.

그들은 도시 가운데 알뜰시장을 스스로 열어서 자원봉사자 체제로 경영했습니다. 입던 옷들을 곳곳에서 받아 깨끗하게 손질한 후 팔 수 있는 옷은 팔고, 팔 수 없는 옷은 네모 모양으로 잘라서 퀼트로 꿰매 판매하고, 남은 조각으로는 걸레를 만들어 사용함으로써 정말 버리는 것이 없게 했습니다. 그들은 지구촌의 환경에 대해서도 관심이 많아서 차가 있어도 카풀이 될 때만 사용하고, 자전거를 많이 이용하는 편이었으며, 언제나 모든 세상의 필요에 마음을 두며 살아가는 사람들이었습니다.

이외에도 공정무역 비영리단체인 텐싸우전빌리지(Ten Thousand Village)라는 곳도 있습니다. 이 상점은 지구촌 곳곳의, 특별히 아프리카와 아시아의 가장 가난한 부족들의 수공예품을 가져다가 제값을 받고 팔아 주는 일을 하고 있습니다. 판매된 수익금을 모아 지역 마을이 자립할 수 있도록 자원을 마련해 주는 프로젝트입니다.

그런데 그 일을 모두 자원봉사자들이 함께 하고 있었습니다. 그 모습을 보면서 부러웠습니다. 알고 보니 그들 대부분은 20-30대 때 몇 년씩 선교사나 가난한 지역의 자원봉사자로 사역했던 경험이 있는 사람들이었습니다. 그들이 그리스도인으로서 살아가는 모습을 보면서 정말 귀하게 여겨졌습니다. 그들이 그러한 삶을 살아갈 수 있었던 이유가 무엇일까요? 그들의 마음속에는 지구촌 모든 족속이 가족처럼 들어와 있었기 때문입니다.

저는 평범하고 여유로운 가정에서 성장했습니다. 그러다가 청년 때 예수님을 인격적으로 만나고 그분의 사랑에 붙들린 뒤로 생각이 많이 바뀌었습니다. 무언가를 가지고 있다는 사실이 미안해지기 시작했던 것입니다. 당시 제가 살던 지역에는 가내 공장들이 있었는데, 그곳에는 시골에서 상경해서 일하고 있는 십대 청소년들이 많았습니다. 그 아이들이 고생하면서 밤일을 하고 있다는 사실을 알게 되면서 다르게 살고 싶어졌습니다. 가진 것을 나누는 것이 옳다는 생각이 들었고, 스스로 너무 많이 배웠다는 생각이 들었습니다. 그래서 휴학을 하고 야학을 열어 검정고시 학교를 운영했습니다. 그때 참 행복했습니다. 더 많고 큰 가족이 생겼다는 마음 때문이었습니다.

하나님의 공의란, 우리 마음속에 주님의 마음이 채워져 우리가 이 땅에서 만나고 알게 되는 사람들을 하나님의 눈과 하나님의 마음으로 바라보고 품게 되는 것을 말하는 것이 아닐까요? 바로 이러한 마음을 품고 살아가는 삶이 하나님의 공의를 따라 살아가려는 삶이 아닐까 싶습니다. 이것은 꼭 여유 있는 사람만 할 수 있는 일이 아닙니다. 누구나 마음만 먹으면 할 수 있습니다.

한국에서 탈북자 사역을 할 때 탈북자들을 도우면서 때로 아쉬운 마음이 있었습니다. 한국에는 탈북자들을 돕는 제도가 많이 있습니다. 매월 생계 보조금을 주고, 거주할 수 있는 영구임대 아파트를 제공하고, 초기 정착금을 주고, 의료보호 대상자로 보호해 주고, 취직하면 지원 장려금을 줍니다. 탈북 청소년들의 경우 대학을 특례 입학으로 들어갈 수 있도록 배려해 주고, 학비도 4년간 면제해 주는 등 다양한 제도가 마련되어 있습니다.

그들이 살아가는 영구임대 아파트에는 저소득층 가정들도 함께 살아가고 있습니다. 그런데 그 가정들에는 특혜가 없습니다. 생활보호대상자로 선정되어 혜택을 받는 가정도 있지만 받지 못하는 가정도 있고, 더군다나 대학 특례 입학이나 등록금 지원은 그들에게 꿈도 꿀 수 없는 일입니다. 한 아파트에 거주하는 이웃이지만 서로 차이가 있는 것입니다.

그런데 누구나 그렇겠지만 탈북자들 역시 자신들이 받고 있는 혜택이 줄어드는 것을 정말 바라지 않습니다. 정부 예산은 제한되어 있기 때문에 생활 지원금을 받을 수 있는 기간이 원칙적으로는 6개월로 정해져 있습니다. 그러나 그들이 탈법을 선택하거나 계속 요구하면 거절하기 어려운 것이 정부 입장이기도 합니다. 그래서 받는 사람들은 계속 받습니다. 그때 들었던 아쉬운 마음은 탈북 지체들이, 물론 많은 도움이 계속 필요하고 준법정신을 갖게 되는 것도 중요하지만, 한 동네에 살아가는 저소득층 가정들의 어려움도 헤아려서 내가 필요한 만큼 그들도 필요하다는 것을 알고 소중한 이웃이 되어 준다면 얼마나 좋을까 하는 것이었습니다.

이것이 하나님의 공의와 같은 것이 아닐까요? '나 역시 부족하지만 혹 나보다 부족한 사람은 없을까?' 하고 돌아보는 것 말입니다. 우리가 그런 마음을 가지고 살아간다면 하나님의 아름다운 뜻이 이 땅에 펼쳐지게 될 것입니다.

종종 "고향이 어디입니까?"라고 질문을 받으면 저는 "지구촌"이라고 답합니다. 그 이유는 울타리를 좁게 하고 싶지 않아서입니다. 주님은 우리가, 지구촌에 있는 모든 사람을 동일하게 사랑하시는 아버지의 마음으로 모두를 가족으로 품고 대하기를 바라십니다.

공의에 맞게 행합시다. 먼저 우리가 섬기는 교회에서 익숙하고 편안한 사람들과의 교제의 울타리를 넘어 영역을 확대하는 선택을 해 봅시다. 교회 안에서 한 번도 인사해 보지 못한 사람들이 있을 수 있습니다. 지금 우리가 사는 세상은 옆집에 누가 사는지도 모르는 채 살아가고 있습니다. 하나님의 마음이 우리에게 있다면 아직 낯설고 서먹서먹하지만 문을 열고, 울타리를 걷고, 한 번도 다가가지 못했던 이웃에게 다가가 보는 것은 어떨까요? 더 나아가 환영의 인사도 건네고 삶의 이야기를 함께 나누어 보는 것은 어떨까요? 그때 하나님이 다스리시는 하나님 나라가 우리를 통해 이 땅에 펼쳐지게 될 것입니다.

긍휼을 사랑하라

우리가 사는 세상에서 공의가 느껴지지 않고 오히려 부익부 빈익빈 현상 같은 사회의 불의가 느껴질 때, 사람들 마음속에는 분노가 쌓이거나 절망이 드리워집니다.

하나님이 만드신 희년 제도를 가만히 살펴보면, '과연 하나님의 백성이 희년 제도를 제대로 실천했을까?' 하는 궁금

증이 듭니다. 우리가 그들의 입장에 있었다면 제대로 실천할 수 있었을까요? 사실 그 제도가 제대로 실현되었다는 기록을 찾기는 어렵습니다. 사람들은 누구나 자신에게 주어진 특권이나 특혜가 늘어나는 것은 무척 좋아하지만 줄어드는 것은 원하지 않기 때문입니다.

보통 율법에는 엄격한 처벌 규정이 붙어 있습니다. 그런데 하나님이 만드신 안식년 제도와 희년 제도에는 불복종했을 시의 처벌 규정이 따로 없습니다. 그러면 사람들이 더 안 지킬 텐데, 왜 하나님은 처벌 규정을 만들지 않으신 것일까요? 하나님은 타율적 복종이 아니라 자원하는 마음을 원하셨던 것입니다. 마치 부모의 마음과 같습니다. 부모는 자녀들 사이에 종종 갈등과 다툼이 생겼을 때 결코 뺏어서 강제로 나누는 선택을 하려고 하지 않습니다. 가장 바라는 것은 좀 더 여유가 있고 힘 있는 자녀가 형제들을 아끼는 마음에서 자발적으로 나누어 주는 것입니다. 그것이 부모의 마음입니다. 하나님 아버지의 마음이 그렇습니다.

예수님이 3년간의 사역을 본격적으로 시작하실 때 회당에서 읽으신 성경은 이사야서 61장인데, 바로 희년에 대한 말씀이었습니다.

주의 성령이 내게 임하셨으니 이는 가난한 자에게 복음을 전하게 하시려고 내게 기름을 부으시고 나를 보내사 포로 된 자에게 자유를, 눈 먼 자에게 다시 보게 함을 전파하며 눌린 자를 자유롭게 하고 주의 은혜의 해를 전파하게 하려 하심이라 하였더라(눅 4:18-19).

하나님의 공의를 마음 가득 담으신 예수님은 이 땅을 어떻게 살아가셨던 것일까요? 종종 예수님은 하나님의 공의를 외치셨고, 의로운 분노로 강한 자들을 꾸짖기도 하셨습니다. 하지만 예수님의 모든 선택은 긍휼이요, 또 긍휼이었습니다. 예수님은 결코 상처받은 이들의 한 맺힌 마음을 모아 세력으로 만들어 그들의 길을 터 주려고 하시지 않았고, 오히려 거절하셨습니다. 예수님은 분노나 미움이 좋은 세상을 가져올 수 없다는 것을 알고 계셨기 때문입니다. 오직 긍휼의 사랑을 품고 사람들이 살아가기를 바라셨기에 오직 긍휼로 이 땅의 사람들을 만나 주셨습니다. 낮은 곳, 가장 낮은 곳으로 찾아가셔서 하늘의 긍휼을 전해 주셨습니다.

심지어 예수님은 자신을 억압하고, 압제하고, 십자가에 처형한 무리를 향해서도 한없는 긍휼로 대하셨습니다. 그래서 십자가에 달리셨을 때 "아버지 저들을 사하여 주옵소서 자기들이 하는 것을 알지 못함이니이다"(눅 23:34)라고 말씀하셨던 것입니다.

주님의 마음 안에는 상처나 미움이나 분노가 아니라 하나님 아버지의 한없는 긍휼이 가득 담겨 있었습니다. 그래서 사람들을 긍휼히 여기셨고, 한 사람 한 사람을 긍휼로 대하셨습니다. 그들이 하늘의 긍휼을 배워서 그들 역시 긍휼을 전하는 사람으로 살아가기를 원하셨습니다.

하나님 나라는 편을 가르고, 진영과 진영이 나뉘어 다투는 나라가 아닙니다. 하나님 나라는 모두를 하나님의 사랑 안으로 초대해서 서로에게 너그러워지고, 그로써 함께 긍휼히 여기는 마음으로 이 땅에 세워지는 것입니다. 주님은 이 땅에 공의가 제대로 보이지 않고 어둠이 번성하고 있다는 것을 아시면서도 한 사람 한 사람을 부르셔서 하늘의 마음을 부어 주십니다. 그 이유는 오직 그 마음으로, 그 긍휼로 살아가기를 바라시기 때문입니다.

하나님의 긍휼은 답이 되지 않는 것처럼 보이지만 우리 인생을 변화시키는 힘입니다. 만약 하나님이 우리를 공의로만 대하신다면 우리는 그분 앞에 무릎을 꿇게는 되겠지만, 그분의 선한 마음을 배우지는 못할 것입니다. 하지만 주님은 우리를 공의로 대하지 않으시고 한없는 긍휼로 대해 주십니다.

그래서 우리는 그분의 자비로운 선한 마음을 배워 가게 되는 것입니다.

제가 읽었던 짧은 글이 생각납니다. 자신의 삶을 열심히 살기는 했지만 자신에게 문제가 있다는 것을 알고 스트레스를 받는 사람이 있었습니다. 가족이나 친구들은 늘 "너 그것 고쳐. 틀렸어. 바꿔"라고 이야기했습니다. 그때마다 속으로 드는 생각은 '나도 알아. 나도 고치고 싶어'였습니다. 하지만 쉽게 고쳐지지 않았습니다. 그때 한 친한 친구가 다가와서 어깨를 다독이면서 "너 달라지지 마. 넌 그대로 괜찮아. 좋아"라고 말했습니다. 그 글은 "그 말을 듣기 시작한 순간 나는 달라지기 시작했다"라는 독백으로 끝납니다.

긍휼로 품어 주는 마음이 한 사람을 바꿉니다. 우리 역시 주님 안에서 달라지기 시작했다면 그것은 그분의 공의로움 때문이 아니라 그분의 긍휼 때문입니다. 상한 갈대도 꺾지 않으시고, 꺼져 가는 심지도 끄지 않으시는 그 사랑, 그 긍휼이 우리에게 임했기 때문입니다. 그 주님으로 인해 우리도 이제 주님의 사랑 안에서 그 사랑을 흘려보내는 통로가 되고 싶어진 것입니다. 긍휼이 우리를 바꾸고, 긍휼이 사회를 바꾸고, 긍휼이 이 세상을 바꾸어 갑니다.

사람을 긍휼히 여기고 긍휼을 베푸는 것이 우리 삶의 방식이 되기를 원합니다. 특히 절망과 상처가 깊은 이들에게 우리의 손길이 닿아서 예수 그리스도의 복음과 함께 긍휼이 전해지기를 바랍니다. 치유하시는 하나님의 위로와 희망이 전해지기를 기원합니다.

청지기의 마음을 지키라

예수 그리스도의 교회, 성령의 공동체인 교회는 예수님을 따르는 제자들의 모임이요, 청지기의 마음을 가진 사람들의 모임입니다. 주 되신 예수님께 귀 기울이고 그분의 뜻에 순종하려는 마음들이 모인 곳입니다.

하지만 현실의 교회가 미성숙할 때는 여러 안타까운 모습들을 보여 주게 됩니다. 그런 교회는 주로 주인 행세를 하려는 사람들과 구경꾼이 되어서 뒷짐 지고 있는 사람들로 구성되어 있습니다. 제자는 보이지 않고, 청지기도 없고, 그저 주인과 구경꾼들뿐입니다. 하나님이 다스리시는 하나님 나라는 보이지 않고 가능하지도 않습니다. 주인 의식을 가진 사람이나 구경꾼이나 모두 이기적이기 때문입니다.

하나님은 주권을 가지고 다스리시지만 신실한 청지기를

통해 선한 뜻을 이루어 가십니다. 만약 우리가 하나님의 주인 되심을 소홀히 여기고 주인 행세를 하면 하나님은 일단 내버려 두십니다. 우리가 세운 시간표나 의견을 고집하면 강요하지 않고 기다리십니다. 주님은 우리가 주님의 주권 앞에 겸손해져서 신실한 청지기가 될 때까지 기다려 주십니다.

이스라엘의 왕들을 보십시오. 그들은 청지기인 것을 모르고 주인 행세를 하다가 백성을 괴롭히는 악한 왕들이 되고 말았습니다. 이러한 일은 기독교 역사를 통해서도 얼마든지 볼 수 있습니다. 교회의 지도자들이 주인 행세를 하고 왕 노릇을 하다가 전쟁을 일으키기도 하고, 종교 재판이나 마녀사냥 등 끔찍한 만행을 저지르지 않았습니까? 겸손하지 않으면 하나님 나라를 세우는 것이 아니라 무너뜨리게 됩니다.

주인 의식만큼 버려야 하는 마음이 있는데, 그것은 구경꾼의 마음입니다. 하나님 나라는 구경하는 곳이 아닙니다. 함께 세워 나가는 곳입니다. 우리는 주인 의식도 버려야 하고, 구경꾼이 되어서도 안 됩니다.

주님은 연약한 교회 가운데 끊임없이 은혜를 베푸셔서 그 교회가 성장하고 성숙해 가기를 원하십니다. 그러므로 우리는 마음속으로 겸손히 주님의 주 되심을 기억하고, 인정하며, 그분 앞에 무릎을 꿇고 우리 중에 누구도 주인이 아님을 고백해야 합니다. 예수 그리스도 한 분만이 우리의 주인이시고, 우리는 모두 그분의 제자일 뿐임을 인정해야 합니다. 하나님이 우리에게 주신 것은 우리의 것이 아니며, 우리는 주님이 맡겨 주셔서 담당하는 청지기일 뿐이라고 말할 수 있어야 합니다.

그 마음으로 함께 교회를 이룰 때 우리는 더 이상 구경꾼이 아니라, 공동체의 소중한 지체이자 청지기가 되고, 스스로 감당해야 할 역할을 깨닫고 지체 간에 마음과 삶을 함께 나눌 수 있게 됩니다. 그때 교회는 건강하게 성장하고 성숙해 갑니다.

우리가 사랑하는 예수님은 이 땅에 계실 때 늘 겸손히 하나님만 따르셨습니다. 예수님은 단 한순간도 아버지의 주 되심을 놓치신 적이 없습니다. 수많은 사람이 오직 예수님만을 향하고 오직 예수님만을 주목하고 있었는데, 예수님은 사람들이 당신을 따르는 데는 전혀 무관심하셨습니다. 오직 모두가 하늘 아버지를 바라보게 되기만을 바라셨을 뿐입니다. 심지어 예수님은 굶주리셨을 때도 "나의 양식은 나를 보내신 이의 뜻을 행하며 그의 일을 온전히 이루는 이것이니라"(요 4:34)라고 고백하셨습니다. 오직 아버지의 뜻을 찾고, 아버지의 뜻이 이 땅에 이루어지기를 바라시면서 겸손히 아버지 앞에서 행하셨던 것입니다.

예수님은 사랑하는 제자들도 그 길을 함께 걷기를 바라셨

습니다. 제자들이 이 땅에서 사역자로 살아갈 때 그들 앞에
어떤 상황이 펼쳐진다 하더라도 결코 주인이 되지 말 것을,
그저 구경꾼이 되지 않기를 간절히 바라셨습니다. 오직 청지
기의 마음을 가지고 아버지의 뜻이 자신을 통해 이루어지기
를 바라는 제자들이 되기를 소원하셨습니다.

우리 마음 안에 그동안 주인 의식이 있었다면 청지기의 마
음으로 바꾸어야 합니다. 구경꾼의 마음이 있었다면 청지기
의 마음으로 바꾸어야 할 것입니다. 주님보다 앞서지도 않
고, 뒤처지지도 않음으로 주께서 우리에게 허락해 주신 교회
를 아름다운 그리스도의 몸으로 함께 세워 가기를 소망합니
다. 하나님 나라는 우리가 함께 세워 가는 곳입니다. 주님의
거룩한 마음이 우리 안에 채워져서 그 마음으로 함께 하나님
나라를 세워 가는 거룩한 동역자가 되기를 바랍니다.

내가 바라는 교회가 아니라 주님이 원하시는 교회, 내가 생
각하는 성도가 아니라 주님이 원하시는 성도가 되기를 소망
합니다. 공의에 맞게 행합시다. 긍휼을 사랑합시다. 겸손히
우리 하나님과 동행합시다. 아름답고 성숙한 마음이 함께 모
여서 지구촌을 주님의 마음으로 품고 섬기는 거룩한 하나님
나라의 공동체가 되기를 바랍니다.

6

십자가의 길

십자가의 도가 멸망하는 자들에게는 미련한 것이요 구원을 받는 우리에게는 하나님의 능력이라 기록된 바 내가 지혜 있는 자들의 지혜를 멸하고 총명한 자들의 총명을 폐하리라 하였으니 지혜 있는 자가 어디 있느냐 선비가 어디 있느냐 이 세대에 변론가가 어디 있느냐 하나님께서 이 세상의 지혜를 미련하게 하신 것이 아니냐 하나님의 지혜에 있어서는 이 세상이 자기 지혜로 하나님을 알지 못하므로 하나님께서 전도의 미련한 것으로 믿는 자들을 구원하시기를 기뻐하셨도다 … 하나님의 어리석음이 사람보다 지혜롭고 하나님의 약하심이 사람보다 강하니라

고전 1:18-25

우리는 성경에서 길에 대한 많은 말씀을 듣습니다. 구약성경
에는 하나님이 "너희는 너희 아비의 길, 조상의 길, 각각 제
길로 갔던 너희의 길을 버리고 내게로 돌아오라"라고 호소하
시는 말씀이 있습니다. 이사야서 55장 8-9절에서는 "이는 내
생각이 너희의 생각과 다르며 내 길은 너희의 길과 다름이니
라 여호와의 말씀이니라 이는 하늘이 땅보다 높음같이 내 길
은 너희의 길보다 높으며 내 생각은 너희의 생각보다 높음이
니라"라고 말씀하십니다. 신약성경에서도 예수님을 통해 길
에 대한 말씀을 듣습니다. 마태복음 7장 13-14절에서 주님
은 좁은 길을 말씀하셨습니다.

좁은 문으로 들어가라 멸망으로 인도하는 문은 크고 그 길이 넓어 그리로 들어가는 자가 많고 생명으로 인도하는 문은 좁고 길이 협착하여 찾는 자가 적음이라(마 7:13-14)

아비의 길, 조상의 길, 자기의 길, 하나님의 길, 좁은 길, 넓은 길 등 성경이 말하는 수많은 길 중에서 우리가 걸어야 할 길은 무엇일까요? 그것은 바로 십자가의 길, 생명의 길, 진리의 길, 평화의 길, 용서의 길입니다. 저는 이 길들을 '제3의 길'이라고 부르고 싶습니다. '제3의 길'이라고 이름 붙인 이유는 우리가 인생에서 쉽게 찾는 익숙한 두 길이 아니기 때문입니다. 신실하신 예수님이 걸으셨던 인생길을 새롭게 발견하고 우리도 따라 걷기를 바랍니다. 이 장에서는 먼저 고린도전서 1장을 통해 십자가의 길에 대해서 살펴보도록 하겠습니다.

우리 인생에는 우리가 해결하기 어려운 많은 문제가 있습니다. 그리고 이루고 싶은 목표도 있습니다. 우리는 문제에 대한 답을 찾고, 꿈꾸는 목표를 이루기 위해서 길을 찾습니다. 그때 세상에서 지식과 정보를 얻거나 사람들의 도움을 받는 길을 찾아 걷습니다. 한편 한계를 깨닫고 하나님 앞에 나아가 믿음으로 기도하고 그분께 도움의 손길을 청하기도

합니다. 아마도 믿음이 없는 세상 사람들에게는 한 가지 방법밖에 없을 것이고, 그리스도인들에게는 또 하나의 길인 믿음의 길이 있을 것입니다.

그런데 문제와 목표 앞에서 우리가 선택할 수 있는 길은 정말 두 길밖에 없는 것일까요? 사실 우리에게는 두 길이 따로 있지 않습니다. 이성의 길과 믿음의 길이 함께 있는 것입니다.

우리는 모두 예외 없이 삶에서 맞닥뜨리는 많은 상황 앞에서 세상의 지식과 상식, 이성을 통해 답을 찾아갑니다. 그런가 하면 하나님께 마음을 모으고 기도하며 하나님의 도우심을 청하면서 살아가기도 합니다. 만약 그리스도인이 하나님께 묻지 않고 오직 세상의 지식과 이성, 지성만을 따라서 답을 찾으려고 한다면 그는 '믿음 없는 사람'으로 여겨지게 될 것입니다. 반면에 오직 하나님께만 집중해서 기도할 뿐 현실적인 길은 전혀 찾으려고 하지 않는다면 광신자처럼 취급받을 것입니다.

두 길 중에서 어느 쪽으로 기울어 있든 우리는 그 사이에서 머뭇거리는 인생을 살곤 합니다. 어떤 사람들은 상대적으로 이성과 지성, 합리적인 길을 더 지지하고, 어떤 사람들은 하나님께 집중하고 기도하는 믿음의 길을 더 지지합니다. 우리는 어느 쪽에 더 가까울까요? 예수님 당시의 사람들, 초대 교회의 성도들은 어느 쪽에 서 있었을까요?

당시는 두 개의 서로 다른 문화가 만나서 충돌하고 혼합하는 시기였습니다. 인간의 지성과 노력으로 과학적인 답을 찾는 이성의 길을 중시하는 그리스 문화와, 하나님의 표적과 기적을 통해 답을 찾는 믿음의 길을 중시하는 유대 문화가 공존하고 있었습니다.

그렇다면 그때 유대 땅을 걸으셨던 예수님은 어떤 길을 걸으셨을까요? 예수님이 걸으셨던 길은 우리가 생각하는 그 어느 쪽도 아니었습니다. 특히 그분이 지신 고난의 십자가는 어느 쪽과도 상관없었습니다. 이성의 길이 아니라 믿음의 길이었다고 생각하는 사람들이 있을지 모르겠습니다. 하지만 사실 예수님이 마지막에 걸으셨던 십자가의 길, 그 고난의 길은 이성의 길도, 믿음의 길도 아닌 것 같습니다. 그것은 이성적으로 보이지 않고, 상식적이거나 합리적으로도 보이지 않으며, 하나님의 어떤 표적도 보이지 않는 길이었기 때문입니다. 십자가에 대한 당시 사람들의 생각을 본문은 이렇게 기록하고 있습니다.

유대인은 표적을 구하고 헬라인은 지혜를 찾으나 우리는 십자가에 못 박힌 그리스도를 전하니 유대인에게는 거리끼는 것이요 이방인에게는 미련한 것이로되 오직 부르심을 받은 자들에게는 유대인이나 헬라인이나 그리스도는 하나님의 능력이요 하나님의 지혜니라(고전 1:22-24).

어떻게 예수님이 무력하게 달려 돌아가신 십자가가 하나님의 능력이 될 수 있을까요? 어떻게 철저한 패배의 길인 십자가가 하나님의 지혜가 될 수 있을까요? 이 말씀을 이해하기 위해서는 그리스 사람들의 길과 유대 사람들의 길에 대해 먼저 살펴볼 필요가 있습니다.

이성의 길

본문은 그리스 사람들(헬라인)은 지혜를 찾는다고 기록하고 있습니다. 그리스 사람들의 길은 이성을 통해 생각하고, 판단하고, 답을 찾아가는 길입니다. 신이 존재한다 하더라도 인간에게 지성을 선물로 주셨으므로 그에 따라 합리적인 생각과 분별과 판단으로 선택하며 살아가야 한다고 생각하는 길입니다.

우리는 지식과 정보, 그리고 인생의 많은 경험과 자료를 통해 지혜를 얻습니다. 누구나 고개를 끄덕일 만한 상식의 길이고 검증받은 길입니다. 그래서 자연스럽게 선택하고 그 길을 걷습니다.

이성과 과학의 길을 걸어온 똑똑한 인간은 인간만이 지닌 탁월한 두뇌로 미지의 세계를 발견하거나 많은 난제를 풀어 왔고, 과거에는 전혀 불가능하다고 여겨졌던 일들을 해결해 냈습니다.

지금도 여전히 생각, 실험, 토론, 검증을 통해 모르던 것을 알아내고 있으며, 새로운 발명을 해내고 있습니다. 과학은 우리에게 새로운 세계를 계속해서 열어 주고 있습니다. 따라서 우리는 과학을 통한 지성과 합리적인 이성을 따르는 길을 당연하게 여기고 그 길을 따라갑니다.

우리는 믿음이 있는 그리스도인이지만 아플 때 병원을 찾습니다. 약을 통해 도움을 얻습니다. 그리고 삶의 많은 문제에 대해 과학적인 정보를 얻거나 지혜를 모아 해결해 갑니다. 그리스도인이지만 우리도 그리스 사람들의 길, 이성의 길을 걷고 있습니다. 지혜를 찾고 추구하는 길에서 자유로운 사람은 아무도 없을 것입니다.

믿음의 길

유대 사람들은 기적이나 하나님의 표적을 찾습니다. 이것은 믿음의 길입니다. 모든 삶을 다스리시는 저 위에 계신 하나님의 주권적 통치와 그분의 능력을 기억하고 도우심을 구하는 믿음의 사람들이 찾는 길입니다.

그들은, 인생이란 겸손히 하나님께 의존하는 삶임을 인정합니다. 모든 것을 지성으로 해결하려는 태도를 위험하게 여깁니다. 교만하면 하나님이 치신다는 것을 기억하고 신비의 영역을 넘보지 않습니다. 질문하고 확인하기보다는 받아들이고 믿어야 한다고 생각합니다. 한계와 문제에 부딪힐 때 사람의 도움보다 하나님의 적극적인 개입을 기대합니다. 하나님의 특별한 손길을 느낄 수 있는 증거를 갖고 싶어 합니다. 그렇게 하나님을 열심히 찾으면 하나님도 그들에게 비밀스러운 하늘의 표적들을 보여 주심으로써 그들 편을 들어주신다고 믿습니다.

그들은 절망스러울수록 세상의 많은 지식과 정보보다 하나님께 전적으로 매달립니다. 고통과 한계 앞에서 병원과 의사를 찾기보다는 교회와 기도원을 찾습니다. 성공과 행복을 위해서, 국가 번영과 통일 문제를 두고도 열심히 하나님께 기도합니다. 전쟁과 같은 상황 속에서도 오직 승리를 주시는 분은 하나님이시라고 선포하고 믿음으로 나아갑니다.

하나님을 믿는 우리는 유대인들의 길을 걷습니다. 하나님의 손길을 경험하면 할수록 더 사모하면서 믿음의 길을 걸어가게 됩니다. 하나님이 베푸시는 신비스러운 은사와 표적들도 더 원하며 찾게 됩니다.

우리는 두 가지 길, 즉 이성의 길과 믿음의 길 사이에서 방황하며 살아갑니다. 그런데 두 가지 길 외에 혹시 다른 길은 없는 것일까요?

믿음의 조상 아브라함을 보십시오. 아브라함도 두 길 사이에서 머뭇거리는 인생을 살았습니다. 그는 처음 하나님의 부르심을 받았을 때 낯선 곳을 향해서 여행을 시작했습니다. 갈 바를 알지 못하고 오직 믿음으로 떠났을 때 아브라함은 믿음의 사람이었습니다. 그때 그는 전혀 이성의 사람이 아니었습니다. 누구도 그의 선택을 지지하지 않았을 것입니다. 확인되지도 않았고, 무슨 일이 일어날지도 모르는 위험한 모험을 시작한다는 것은 도저히 이성적이지 않습니다.

믿음으로 떠났던 아브라함은 가나안 땅에 도착하자 생각지 않았던 기근을 만났습니다. 하나님을 믿고 떠나면 모든 일이 형통하리라 기대했는데, 그게 아니었습니다. 예상 밖의 어려움은 그를 믿음의 사람에서 이성의 사람, 상식의 사람으로 바꾸어 버렸습니다. 많은 사람이 기근을 피해 이집트로 내려갈 때 아브라함도 덩달아 따라갔습니다. 그 후 그의 머리는 빠르게 회전했습니다. 여러 가지 위험이 예상되고 두려움이 바짝 다가왔을 때는, 아내와 함께 모의를 하기도 했습니다.

“당신, 내 아내라고 하지 말고 누이라고 합시다.”

그로써 아브라함은 위기를 모면하려고 했습니다. 믿음의 길로 여행을 시작했지만 철저하게 이성의 길로 방향을 틀었습니다.

많은 세월이 지나면서 또 하나의 문제가 다가왔습니다. 하나님이 분명히 아들을 주겠다고 약속하셨는데, 긴 세월이 지나도록 들어주시지 않았습니다. 어떠한 표적도 없이 오직 믿음으로 기다리는 일은 너무나 어려웠습니다. 흐르는 세월 앞에서 아브라함은 다시 상식과 이성의 사람이 되고 말았습니다. 그는 종을 후사로 삼아 보려고도 했고, 아내의 말을 따라 여종을 통해서 아이를 하나 얻기도 했습니다. 상식적이고 합리적인 길을 택했던 것입니다. 하지만 하나님은 아브라함을 여전히 시험하고 계셨습니다.

또다시 세월이 지난 후 흔들리고 방황하는 아브라함에게

드디어 약속의 아들 이삭이 주어졌습니다. 상식적으로 생각할 때 자식을 얻을 가능성이 전혀 없는 노년에 주신 하나님의 표적이었습니다. 그런데 그때 또 한 번의 시험이 찾아왔습니다. 하나님이 그 아들을 죽여 번제물로 바치라고 하신 것입니다. 상식적으로 납득이 되지 않습니다. 이성으로는 받아들일 수 없는, 말도 안 되는 요구입니다. 그리고 그 일에 대해서는 어떤 하나님의 표적도 없었습니다. 하나님의 잔인함 속에 놓여 있는 것만 같습니다.

하지만 그때 아브라함은 상식과 이성의 길을 가지 않았습니다. 그동안에는 걷지 않았던 길을 걸었습니다. 하나님의 표적을 바라고 간 것도 아니었습니다. 그것은 바로 순종의 길이었습니다. 결코 이성적이지도 합리적이지도 않고, 어떤 표적이 약속된 것도 아닌데 하나님의 하나님 되심을 기억하고 하나님 앞에서 순종의 길을 선택한 것입니다. 그 길은 내려놓고 가는 길이요, 포기하는 길입니다.

> 유대인은 표적을 구하고 헬라인은 지혜를 찾으나 우리는 십자가에 못 박힌 그리스도를 전하니(고전 1:22-23).

두 길이 아닌 십자가의 길은 어떤 길일까요? 예수님이 걸으셨던 십자가의 길은 '제3의 길'입니다. 지혜를 추구하는 이성과 과학의 길도 아니고, 표적과 기적을 바라고 가는 믿음의 길도 아닙니다. 십자가의 길은 내려놓는 길이요, 포기하는 길이며, 순종의 길입니다. 그 길은 그리스 사람들이 볼 때는 한없이 어리석은 길이고, 유대 사람들이 볼 때는 불편하고 꺼림칙한 길입니다.

사실 예수님이 처음부터 어리석게 보이시거나 불편하게 여겨지신 것은 아닙니다. 유대 땅을 걸으셨던 예수님은 당시 양쪽 진영의 사람들에게 무척이나 매력적인 분이셨습니다. 그리스 문화에 젖어 이성을 소중히 여겼던 지성인들에게 예수님은 가까이하고픈 스승이셨습니다. 그분의 입에서 나오는 말씀들, 그분의 한마디 한마디는 어떤 철학자와 웅변가가 하는 말보다 더 깊이 인간의 심사를 꿰뚫고 있었습니다.

그리스 사람들에게 예수님의 말씀은 탁월한 랍비의 말로 여겨졌습니다. 모든 인간의 문제를 알고, 앞으로 살아갈 미래까지 내다본 말씀이요, 하늘의 모든 비밀을 담은 탁월한 지혜의 말씀이었습니다. 짧은 몇 마디만으로도 도전하고 시비를 거는 사람들의 입을 다물게 만드는, 탁월하게 지혜로운 말씀이었습니다. 매력적인 그분의 말씀은 많은 사람을 움직일 만한 하늘의 지혜였습니다.

하지만 그 매력적인 스승이 십자가 고난의 길을 걷게 되셨습니다. 그들에게 십자가의 길은 도저히 이해할 수 없고 받아들일 수 없는 길이었습니다.

'탁월한 메시지와 웅변을 통해서 수많은 사람을 모으고 함께 새로운 세계를 충분히 건설해 나갈 수 있을 것 같았는데, 무력하게 십자가의 길을 선택하다니!'

그리스 사람들의 눈에 예수는 결국 아무것도 이루지 못한 실패한 인생일 뿐이었습니다. 십자가의 길을 간다는 것은 그들이 보기에 어리석은 짓이요, 상식에서 벗어난 행동이었습니다. 그래서 예수님을 따랐던 그리스 문화를 가진 사람들은 그분께 등을 돌리고 말았습니다.

유대 사람들에게도 예수님은 정말 매력적인 분이셨습니다. 살아 계신 하나님의 표적과 기적을 나타내시는 분이었습니다. 불치병자들을 고치시고, 죽은 자들을 일으키시고, 물로 포도주를 만드시고, 물 위를 걸으시고, 보리떡 다섯 개와 물고기 두 마리로 오천 명의 사람들을 먹이시는 등 하늘의 표적으로 가득한 분이셨습니다. 로마의 압제 아래 있던 유대인들은 메시아가 오셨다고 믿었습니다. 메시아이신 예수님을 통해서 자신들이 기대하던 민족 해방의 미래가 곧 펼쳐질 것이라고 기대했습니다.

하지만 그 메시아가 무력하게 붙잡혀서 고난의 길을 걸으시고 결국 십자가에 매달리시자 그들은 실망했습니다. 자신들의 기대와 꿈이 물거품이 되었기에 한없이 불편해졌습니다. 기적적인 변화와 하나님의 놀라운 능력을 기대했는데 처절한 죽음으로 끝나 버렸습니다. 십자가 앞에서 그들은 모두 예수님께 등을 돌리고 말았습니다. 그래서 그들은 "예수를 십자가에 못 박으시오!" 하고 외쳤습니다.

한때 그리스 사람들과 유대 사람들의 관심과 사랑을 한 몸에 받으셨던 예수님은 왜 그들이 원했던 두 길 중 하나를 걷지 않으시고 다른 길을 걸으셨던 것일까요? 예수님은 왜 제3의 길, 십자가의 길을 걸으셨을까요? 십자가의 길은 무엇일까요?

제3의 길, 십자가의 길

그리스 사람들의 길, 유대 사람들의 길에는 벗어날 수 없는 한계가 있습니다. 곧 그들 안에 심겨져 있는 이기적인 마음, 자신의 필요와 기대만을 채우려는 욕심입니다. 이성을 따르는 길도 나의 행복과 승리를 위하는 것이고, 표적을 바라는 믿음의 길도 나의 행복과 승리를 원하는 것입니다. 하나님조차 나의 필요와 기대를 채우는 도구에 불과할 뿐 정말 하나님의 뜻에 대해서는 알지 못하는 길입니다.

그런데 십자가의 길은 다릅니다. 나의 필요를 채우는 길이 아니라 하나님의 필요를 알고 채우려는 길입니다. 내 뜻이 이루어지기를 원하는 길이 아니라 하늘의 뜻이 이 땅에 이루어지기를 원하는 길입니다. 내가 무언가를 얻는 길이 아니라 오히려 비움으로써 하나님이 영광을 받으시도록 하는 길입니다. 내가 성공하는 길이 아니라 오히려 낮아짐으로 하나님을 높이는 길입니다. 누리는 길이 아니라 비우는 길이요, 사는 길이 아니라 죽는 길입니다.

십자가의 길은 예수님께 있어서 철저한 순종의 길이었습니다. 결코 쉬운 길이 아니었기에 예수님은 그 길을 앞두고 겟세마네 동산에서 피땀을 흘리며 기도하셨습니다.

> 내 아버지여 만일 할 만하시거든 이 잔을 내게서 지나가게 하옵소서 그러나 나의 원대로 마시옵고 아버지의 원대로 하옵소서 하시고(마 26:39).

이 거룩한 순종의 길은 이성의 길과 믿음의 길을 넘어서는 길입니다. 상식을 벗어나는 길이요, 믿음의 표적도 넘어서는 길입니다. 하나님이 부탁하신 길이기에 나를 버리고 걷는 순종의 길입니다.

예수님의 십자가를 사랑하십니까? 자원해서 주와 함께 십자가를 질 마음이 있습니까? 우리는 그 십자가를 통해서 구원의 은혜를 얻었습니다. 십자가 안에 하나님의 지혜가 있고, 하나님의 능력이 있습니다. 우리는 세상을 치유하고 회복하는 길은 오직 희생과 사랑뿐이라는 것을 깨달아야 합니다. 십자가만이 중간에 막힌 담을 허물고 화해와 연합을 가져오는 길이라는 것을 알아야 합니다. 그때 주와 함께 십자가를 지는 것이 가장 지혜롭고 옳은 길임을 알게 될 것입니다. 그것이 가장 지혜로운 깨달음입니다.

십자가의 길은 또 진정한 믿음의 길입니다. 내가 낮아질 때 하나님이 절망 속에 있는 이 땅의 사람들을 높이시고 세우시리라는 믿음입니다. 내가 나 자신을 버릴 때 하나님이 성령을 부으시고, 나를 통해 모든 것을 새롭게 하시리라는 믿음입니다. 내가 죽을 때 부활의 희망이 나를 통해 사망의 세상에 선포되리라는 믿음입니다.

십자가에 달리신 그리스도가 하나님의 능력이 되셨고, 하나님의 지혜가 되셨습니다. 예수님은 하나님의 심판 앞에 놓인 이 세상을 구원하시고 새로운 희망으로 이끄시는 하나님의 능력이 되셨습니다. 세상의 모든 논리와 지식, 지혜와 총명을 무릎 꿇게 하는 지혜가 되셨습니다.

> 하나님의 어리석음이 사람보다 지혜롭고 하나님의 약하심이 사람보다 강하니라(고전 1:25).

십자가는 한없이 어리석어 보였지만 하나님의 지혜가 되었고, 가장 연약해 보였지만 하나님의 능력이 되었습니다. 십자가에는 하나님의 지혜와 능력이 가득했습니다.

우리 앞에도 동일한 길들이 놓여 있습니다. 이성과 상식의 길이 놓여 있고, 표적을 구하는 믿음의 길이 있습니다. 그리고 또 하나 예수 그리스도의 길, 십자가의 길이 있습니다. 어느 길을 걷겠습니까? 어느 길을 더 소중하게 여겨 나의 길로 삼겠습니까?

이제 더 이상 두 길 사이에서 흔들리며 머뭇거리지 맙시다. 주님이 우리에게 보여 주셨던 길, 친히 앞서 걸으셨던 보다 거룩하고 높은 십자가의 길을 우리가 발견하고 걷게 되기를 소원합니다. 물론 그 길은 한없이 좁고, 사람들이 잘 찾지 않는 결코 편하지 않은 길입니다. 하지만 십자가의 길을 따라

걸을 때 생명으로 향하는 문이 활짝 열리고, 하나님의 뜻이 우리를 통해 이 땅에 이루어질 것입니다.

아브라함은 긴 믿음의 여정 동안 흔들리며 배웠습니다. 그때 그는 십자가의 길이 무엇인지 알지 못했습니다. 하지만 오늘 우리는 예수 그리스도를 통해 십자가의 길을 계시 받았고, 그 길로 부르심을 받았습니다.

오늘도 지성인의 눈에 비친 십자가의 길은 미련한 것입니다. 지는 것이요, 손해 보는 것이며, 얻는 것이 전혀 없어 보이기 때문입니다. 그들은 "쉽고 편한 길이 있는데 왜 이성으로 이해하기 어려운 길을 갑니까? 바보 짓 하지 말고 상식을 따르십시오. 그렇게까지 할 필요 없습니다. 적당히 믿으십시오. 하나님은 우리를 축복하시는 분이지 힘들게 하시는 분이 아닙니다"라는 말로 우리를 만류합니다.

한편 오늘도 기적을 바라는 이들의 눈에 비친 십자가의 길은 불편하고 거리껴지는 것입니다. 그들이 하나님을 믿는 이유는 형통을 바라기 때문이고, 주님께 매달려 기도하는 이유는 응답받기 위해서인데, 잘되기는커녕 낮아지고 고난받는 것이라면 불편해서 가고 싶지 않다고 뿌리칩니다.

우리에게 예수님은 "나를 따르라"고 말씀하십니다. 이 땅에서 만났던 제자들에게 "나를 따르라"고 하셨던 주님은 우리에게 동일하게 말씀하십니다.

> 누구든지 나를 따라오려거든 자기를 부인하고 자기 십자가를
> 지고 나를 따를 것이니라(마 16:24).

주님은 우리를 참된 지혜와 믿음의 길로 초대하십니다. 그분은 우리의 삶 속에서 하늘의 높은 뜻이 진정 이루어지기를 기대하십니다. 하나님이 통치하시는 하나님 나라가 우리의 삶 속에 임하고, 우리를 통해 이 땅에 펼쳐져 가기를 기대하십니다. 주님이 우리를 부르시는 길은 좁은 길입니다(마 7:13-14).

우리의 똑똑한 이성과 상식을 하나님 앞에 겸손히 내려놓읍시다. 그러면 진정 하늘의 깊은 사랑의 뜻을 깨닫고 지혜를 얻게 될 것입니다. 우리의 믿음이 하나님의 뜻을 이루는 도구가 되기를 소원합니다. 그래서 때로는 어떤 표적이 없어도 주님이 우리에게 부탁하신 순종의 길을 묵묵히 걸어갈 수 있기를 바랍니다. 그러면 진정한 표적이 무엇인지 보게 될 것입니다. 내가 진 십자가를 통해 사람들이 변하고 세상이 달라지는 기적을 보게 될 것입니다. 우리의 가정과 삶의 자리가 하나님이 다스리시는 나라가 세워지는 거룩한 곳이 될 것입니다.

십자가에 못 박히신 예수님이 하나님의 능력이시며 하나님의 지혜이십니다. 이성의 길, 믿음의 길을 넘어선 제3의 길인 십자가를 사랑하고, 그 길을 자원해 걷는 우리가 될 수 있기를 바랍니다. 십자가의 지혜와 능력이 우리의 삶을 통해서 나타나기를 기원합니다.

우리의 믿음이 하나님의 뜻을 이루는 도구가
되기를 소원합니다. 그래서 때로는 어떤 표적
이 없어도 주님이 우리에게 부탁하신 순종의
길을 묵묵히 걸어갈 수 있기를 바랍니다. 그러
면 진정한 표적이 무엇인지 보게 될 것입니다.
내가 진 십자가를 통해 사람들이 변하고 세상
이 달라지는 기적을 보게 될 것입니다.

7
생명의 길

항상 우리를 그리스도 안에서 이기게 하시고 우리로 말미암아
각처에서 그리스도를 아는 냄새를 나타내시는 하나님께 감사
하노라 우리는 구원 받는 자들에게나 망하는 자들에게나 하나
님 앞에서 그리스도의 향기니 이 사람에게는 사망으로부터 사
망에 이르는 냄새요 저 사람에게는 생명으로부터 생명에 이르
는 냄새라 누가 이 일을 감당하리요

고후 2:14-16

우리를 둘러싼 거대한 세상에서 우리는 어떻게 살아야 할까
요? 이 질문 앞에서 우리가 찾는 인생길은 바로 제3의 길입
니다. 요한복음 17장에서 예수님은 사랑하는 제자들을 떠나
시기 전에 그들을 위해 기도하셨습니다. 이 말씀에서 주님의
마음을 읽을 수 있습니다.

내가 세상에 속하지 아니함같이 그들도 세상에 속하지 아니
하였사옵나이다…아버지께서 나를 세상에 보내신 것같이 나
도 그들을 세상에 보내었고(요 17:16, 18).

주님은 우리가 세상에 속하지 않은 채로 세상을 살아가기를 원하셨습니다. 세상에 속하지 않은 채로 세상을 살아가는 사람은 어떤 사람일까요? 이민자, 나그네, 이방인을 떠올릴 수 있습니다. 예를 들어, 미국인이 아니면서 미국에서 살아가는 사람들, 한국인이 아니면서 한국에서 살아가는 사람들이 그들입니다.

신약성경에는 많은 편지가 수록되어 있습니다. 이들 편지의 수신자들은 타 지역에 흩어져 이방인으로 살아가는 디아스포라 성도들이었습니다. 본문인 고린도후서에서 우리는 고린도 지역에서 살아가는 유대인 디아스포라를 향한 바울의 권면을 접합니다.

타국에서 이방인으로 살아가기란 쉽지 않습니다. 대부분의 사람들이 주눅이 듭니다. 그때 그들은 선택의 기로에 서게 됩니다. 한편으로는 안전한 곳에 머물고 싶기에 안전지대를 만들어 살아갑니다. 또 한편으로는 자신을 둘러싸고 있는 수많은 사람들 틈에 잘 섞여 튀지 않게 살아가야겠다고 생각합니다. 그래야 외롭지 않기 때문입니다.

그런데 본문인 고린도후서 말씀에는 비록 이방인이지만 다르게 살아가는 성도들의 고백이 담겨 있습니다. 예수님의 사람들이요, 용기 있게 살아가는 성도들의 고백인 것입니다.

그들은 '항상 이기는 사람들', '그리스도를 아는 냄새를 내는 사람들'입니다. 그리고 누구에게나 '그리스도의 향기가 되는 사람들'입니다.

우리는 누구나 냄새를 갖고 있습니다. 이민자들이 이방인으로서 다른 나라 사람들 틈에서 살아갈 때 가장 신경을 많이 쓰게 되는 것이 바로 냄새입니다. 그들도 타국인의 냄새를 맡으며 힘겨워합니다. 하지만 혹 자신의 냄새가 자신을 둘러싼 거대한 세상에 불편이 될까 싶어 탈취제, 향수, 방향제 등을 사용해 냄새를 지우려고 애씁니다.

캐나다에 있을 때 캐나다인 교회 공동체에서 함께 신앙생활을 한 적이 있습니다. 그 교회에는 다민족이 모여 있었기 때문에 자연히 냄새가 아주 신경이 쓰였습니다. 그럴 때 한국 사람들은 자연스럽게 어떤 마음을 갖게 될까요?

'한국 음식을 마음대로 먹을 수 있는 곳이 있다면 좋겠다.'

그래서 이민자들이 모여 이민 교회를 형성했고, 마음대로 음식을 먹거나 냄새에 신경 쓰지 않아도 되는 자기들만의 모임을 만들었습니다. 물론 그러면서도 한편으로는 다른 민족과 잘 섞여서 튀지 않고 함께 건강한 교회를 만들어 가고 싶은 마음도 있었습니다.

본문이 뚜렷하게 표현하고 있지는 않지만, 우리는 이러한 우리의 이중적인 모습을 보면서 '포기' 혹은 '타협'이라는 단어를 떠올리게 됩니다. 우리의 우리 됨을 포기하지 않는 것과 잘 섞여서 타협하는 것. 이것이 거대한 세상을 만났을 때 우리가 선택해 걷는 길입니다.

세상에 속하지 않은 채 세상을 살아가라

고린도후서 본문 말씀에서 '냄새'는 코로 맡을 수 있는 온갖 기운을 말하는 것이 아닙니다. 어떤 사람에게서 나오는 영향력이나 기운, 분위기를 뜻합니다. 우리는 사람과 사람의 만남을 통해 기운을 주고받습니다. 어떤 사람에게서는 기운을 받고, 어떤 사람에게는 기운을 전합니다. 좋은 기운을 전해 주는 사람이 있는가 하면, 불편하고 기분 나쁜 기운을 풍기는 사람도 있습니다. 어떤 사람과 함께 있으면 기운이 나는데, 함께 있으면 이상하게도 기운이 빠지는 사람이 있습니다.

그렇다면 우리를 향한 하나님의 뜻은 무엇일까요? 하나님은 하나님의 사랑 안으로 초대받은 하나님의 백성이 하늘의 기운을 많이 받아서 기운찬 사람들이 되기를 바라십니다. 더 나아가 세상 곳곳에서 만나는 사람들에게 우리가 받은 하늘의 기운을 전해 주기를 원하십니다. 어디에 살든, 어떤 사람을 만나든 하나님의 기운이 우리를 통해서 전해지기를 소원하십니다. 그 부르심에 대한 사명감으로 용기를 내어 세상에서 늘 승리하기를 기대하십니다.

하나님이 선택하신 백성인 이스라엘의 역사를 생각해 봅시다. 하나님은 이스라엘 민족을 많은 민족 가운데 택하셨고, 거룩한 백성으로 삼으셨습니다. 하나님은 "내가 거룩하니 너희도 거룩할지어다"(레 11:45)라고 말씀하셨습니다. 거룩하게 구별된 삶을 살아가라고 요청하신 것입니다. 그러시고 나서 하나님은 이스라엘 백성을 많은 민족 가운데 심으셨고, "너희는 제사장 나라요, 이방의 빛으로서 세상에 속하지 않은 채로 세상을 살아가라"라는 부탁을 하셨습니다.

이것이 바로 이스라엘 백성에게 주신 하나님의 뜻이었습니다.

하지만 계속해서 구약성경을 읽어 가다 보면 이스라엘의 선택에서 안타까운 사실을 발견하게 됩니다. 그들은 거대한 민족들의 문화 속에서 자신들만이 하나님의 백성이라는 선민사상으로 배타적인 공동체를 만들어 갔습니다. 또 한편으로는 주변 민족들의 문화를 동경하다가 동화되고 말았습니다. 이스라엘 백성은 하나님이 주신 '제사장 나라이며 이방의 빛'이라는 소명을 포기했고, 타협함으로써 놓쳐 버리기도 했습니다. 그 결과 하늘의 기운, 즉 하나님의 냄새를 내지 못한 채 이방 문화의 냄새에 삼켜지고 말았습니다.

예수님의 제자들인 우리도 이스라엘 백성과 같이 "세상을 살아가라"는 동일한 부르심을 받았습니다. 우리는 분명 세상에 속하지 않은 사람들이지만 세상 속을 살아가고 있습니다. 그런 우리에게 주님은 신약성경을 통해 분명한 부르심을 확인시켜 주십니다.

어두운 데서 불러내어 그의 기이한 빛에 들어가게 하신 이의 아름다운 덕을 선포하게 하려 하심이라(벧전 2:9하).

그가 우리를 흑암의 권세에서 건져 내사 그의 사랑의 아들의 나라로 옮기셨으니(골 1:13).

우리는 세상에 속하지 않았습니다. 그런데 주님은 우리를 다시 세상에 보내셨습니다. 그리스도의 아름다운 덕을 선포하도록, 복음의 증인이 되도록, 빛과 소금이 되도록 세상 속으로 보내셨습니다. 세상에 속하지 않았는데 세상 속을 살아가야 하는 것입니다.

포기와 타협을 넘어서

과거와 마찬가지로 오늘날의 성도들도 쉽지 않은 삶을 살아가고 있습니다. 때로는 오해와 미움을 받고, 고난을 당하거나 끔찍한 박해도 받습니다. 그들은 힘들고 외로운 삶을 살아갑니다. 감당하기에 너무 어렵습니다.

그때 우리는 신앙을 지키고 싶어 안전지대를 찾습니다. 우리의 마음이 상처받지 않도록 신앙의 순수성을 지킬 수 있는 안전한 곳으로 향합니다. 가능하면 불신의 환경에서 벗어나고 싶어 하고, 믿음의 지체들과만 시간을 보내기 원합니다. 그래서 교회가 좋아지고, 곧 교회와 집만을 오가는 삶으로 고착됩니다. 굳이 세상의 많은 사람과 부딪치며 힘들게 살고 싶지 않습니다. 안전지대를 찾는 우리의 마음은 어쩌면 자연스러운 것입니다. 하지만 그 결과 우리는 보내심을 받은 자로서의 소명을 포기하게 됩니다.

한편 우리에게는 우리를 둘러싼 세상에 잘 섞이고 싶은 마음이 있습니다. 주류 사회에 들어가서 그 일원으로 살아가고 픈 마음이 있습니다. 세상 속을 살아가다 보니 세상이 꼭 싫지만은 않습니다. 세상에는 얻을 것, 배울 것, 누릴 것이 많기 때문입니다. 그래서 적극적으로 세상 속으로 들어갑니다. 그러다 보면 어느새 세상의 가치관, 방향, 생각이 침투해 자리를 차지해 버립니다. 그러면 세상 사람들과 별 차이가 없어집니다. 튀지 않게 섞여 살고, 냄새 나지 않게 타협하며 살다 보니 소명을 놓쳐 버리게 됩니다.

우리 앞에 두 길이 놓여 있습니다. 포기의 길 혹은 타협의 길. 교회도 이천 년간 세상에서 두 길을 걸어왔고, 지금도 여전히 걷고 있습니다. 세상 곳곳에서 복음의 증인들을 통해 교회가 생겨날 때마다 그를 둘러싼 거대한 문화와 세상은 너무나 큰 세력이었고, 그 앞에서 교회는 흔들릴 수밖에 없었습니다. 고난과 박해의 시대를 지날 때는 신앙의 순수성을 지키기 위해 분리된 공동체로서의 교회를 추구하는 몸부림이 계속되었습니다.

또 한편으로 교회는 세상 속에서 영향력을 키우려다가 세상과 섞여져 구별이 없어졌습니다. 처음에는 로마로부터 고난과 박해를 받던 교회가 나중에는 로마의 권력이 되어 버렸습니다. 마치 구약의 이스라엘 백성이 사사 시대를 지나 스스로 왕정 시대를 선택했던 것처럼, 역사 속의 기독교 교회도 로마를 만나 자리를 잡으면서 로마의 제도를 교회 안으로 들여오게 되었습니다. 세상에 황제가 있듯이 교회 안에도 황제가 있어야 한다는 생각이 표출되면서 교황 제도가 생겨났고, 세상의 수직적인 문화가 교회 안에 그대로 들어오게 되었습니다.

포기의 길과 타협의 길은 어느 시대든 성도들의 마음을 움직이는 두 길이요, 성도들이 거대한 세상을 만났을 때 선택해서 걷는 길입니다. 두 길 사이에서 우리는 흔들리며 방황합니다. 사실 포기하면 속은 편합니다. 스트레스를 받지 않고 마음 놓을 수 있기 때문입니다. 타협해도 우리 속은 편합니다. 더 이상 오해나 미움, 박해, 고난을 받지 않아도 되기 때문입니다. 하지만 진짜 속마음은 불편해 견딜 수 없습니다. 영혼 깊은 곳에서 탄식이 터져 나옵니다. 우리는 내가 누구이며, 어떤 부르심을 받았는지 알고 있기 때문입니다. 우리를 세상에 보내신 예수님의 뜻에 대한 신실하고 깊은 열망이 우리 속에 아직 남아 있기 때문입니다.

한국 교회를 생각해 봅니다. 한국 교회는 일제시대와 해방 후 전쟁을 치르고 맞이한 고난의 시기에는 세상에서 그리스도의 향기를 많이 나타냈습니다. 하나님 나라의 냄새를 내는 기운찬 교회였습니다. 하지만 세월이 많이 지난 오늘날 우리는 안타까운 현실을 접하곤 합니다. 어떤 사람들은 오직 교회라는 안전지대에만 머물러 살아갑니다. 한편 많은 교회들이 세상과 별로 다를 바 없이 세속적인 모습을 드러내고 있습니다. 우리만의 리그를 형성하거나, 세상과 혼합되거나 둘 중 하나인 것입니다.

이러한 현실 앞에서 안타깝고 무거운 마음으로 질문하게 됩니다. 포기의 길과 타협의 길이 아닌 제3의 길은 무엇일까요? 그것은 바로 생명의 길입니다.

하늘로부터 오는 생명의 기운

하나님이 지으신 자연 만물 가운데 야생에서 살아가는 생명체들의 걸음을 떠올려 봅니다. 식물이든 동물이든 생명을 가진 모든 존재는 세상에 나오자마자 거대한 세상을 맞닥뜨립니다. 작은 씨앗이든, 작은 동물이든 그들이 만나는 세상은 감당하기 어려울 정도로 어마어마합니다. 위협적인 세상을 살아가는 그들도 때로는 두렵기 때문에 안전지대를 찾습니다. 하지만 우리가 목격하게 되는 생명의 힘은 대단해서, 그들은 결코 안전지대를 구축해 그곳에 오랫동안 머물지 않습니다. 끊임없이 믿음의 여행을 떠나고, 모험을 시도합니다. 자신의 울타리를 점차 넓히고, 계속 새로운 세계를 향해 뻗어 갑니다. 작은 씨앗 하나가 자라면서 점점 그 영역을 넓힙니다. 끊임없이 넓은 세계를 향해 나아가는 동물들의 모습도 볼 수 있습니다.

그들 안에 있는 생명의 힘이, 그들로 하여금 안전지대에서 벗어나 더 넓고 새로운 세계를 향해 끊임없이 나아가도록 이끌고 있다는 것을 우리는 분명히 볼 수 있습니다. 포기하지 않는 생명 에너지가 그들 안에 있는 것입니다.

어린아이들을 보면 그들 속에 있는 생명력을 가늠해 볼 수 있습니다. 기운이 빠져 생명력이 별로 없을 때는 바깥에 나가지 않고 집에만 머물며 시름시름합니다. 하지만 생기가 넘치면 집에 가만히 있지 못하고 계속해서 바깥으로 나가 믿음의 여행을 떠나고 모험을 시도하려고 합니다. 가만 붙잡아 둘 수가 없습니다. 이것이 바로 생명의 힘입니다.

또한 자연에 있는 모든 생명에게는 타협하지 않는 힘이 있습니다. 그들은 맞닥뜨린 거대한 세상 앞에서 절대로 누구를 따라 살거나 섞이려고 하지 않고 자기 자신으로 살아갑니다. 자신의 자신 됨을 결코 잃어버리지 않습니다. 혼자서 외로울지라도 자신의 삶을 살아갑니다. 이것이 생명의 힘입니다. 타협하지 않습니다. 그들 안에 있는 생명은 그들을 그들 되게 합니다. 이것이 우리가 야생의 세계에서 발견하게 되는 창조주의 축복입니다.

아이들도 기운이 없으면 자꾸 남들 하는 대로 하고 따라다니기만 합니다. 생명력이 작으면 의존적이 되고 부화뇌동하기 쉽습니다. 하지만 생명력이 있으면 창조적인 삶을 살아내고, 본래의 자기 자신이 됩니다. 다른 아이들이 따라오도록 자신의 삶을 살아냅니다. 절대 타협하지 않는 힘을 보여 줍니다.

생명의 숲에는 냄새가 있습니다. 숲 냄새는 우리 모두가 좋아하는 냄새입니다. 그런데 좀 더 들어가 자세히 들여다보면 숲속 생명들은 죽음도 맞이하고, 둘러싼 벅찬 환경 속에서 고난도 받습니다. 생명의 숲에는 죽음의 냄새도 함께 있는 것입니다. 그들은 고난 속에서 살아냄으로써 함께 생명 숲을 만듭니다. 그곳에는 살리는 기운인 생명의 냄새가 가득합니다. 그들이 생명의 힘으로 함께 만들어 내는 생명의 기운은, 숲을 찾는 모든 사람에게 창조주의 기운을 전해 주는 복의 통로이기도 합니다.

제3의 길, 생명의 길

우리를 먼저 사랑하신 예수님, 우리가 사랑하는 그분을 바라

봅니다. 예수님은 생명이십니다.

> 내가 곧 길이요 진리요 생명이니 나로 말미암지 않고는 아버
> 지께로 올 자가 없느니라(요 14:6).

예수님은 이 땅에서 사실 때 어마어마한 세상을 만나셨습니다. 유대 땅에서 수많은 사람을 맞닥뜨리셨지만 단 한순간도 안전지대로 들어가심으로써 포기하신 적이 없습니다. 예수님은 당신의 안전을 위해서 길을 찾지 않으셨습니다. 세상에 속하지 않으셨지만, 세상을 싫어하신 것이 아니라 사랑하셨기에 아무리 힘들어도, 사람들이 오해하고 공격해도 숨지 않으셨습니다. 예수님은 끊임없이 모든 사람을 향해 나아가는 생명이셨습니다.

또한 예수님은 결코 타협하지 않으셨습니다. 많은 사람의 제안, 지지, 환호, 도전 등 다양한 목소리들이 있었지만 예수님은 자신을 그 어떤 제안에도 내어 주지 않으셨습니다. 유대 문화에 섞이지도 않으셨고, 시대의 흐름을 타지도 않으셨습니다. 예수님이 걸으신 길은 외로운 길이었지만 그분은 결코 외롭지 않으셨습니다. 생명이셨기 때문입니다. 예수님은 오직 하나님 아버지로부터 받은 부르심의 뜻을 따라서 자신

의 삶을 온전하게 살아내셨습니다.

생명이신 예수님께는 포기도 없었고, 타협도 전혀 없었습니다. 아마도 예수님은 외로우셨을 것입니다. 왕따가 되시기도 했습니다. 왕따란 '왕은 따로 논다'의 줄임말이라고 합니다. 예수님은 정말 따로 노셨습니다. 그 시대에 유대 땅에서 살아가실 때 생명의 힘으로 따로 사셨습니다. 포기하지도 않으시고, 타협하지도 않으셨습니다. 바로 그분이 생명이신 우리 주님이십니다.

예수님은 하늘의 냄새를 가득 지니신 분이요, 하늘의 기운으로 충만하신 분이었습니다. 그 거룩한 향기가 오늘 우리에게까지 전해진 것입니다. 자신을 둘러싼 세상에서 예수님은 고난받으셨고, 십자가에서 죽으셨습니다. 그때 어쩌면 누군가에게는 예수님의 냄새가 죽음의 냄새로 느껴졌을지도 모릅니다. 하지만 생명의 냄새, 생명의 향기, 살리는 생명의 기운이 더욱 진했고 가득했습니다. 예수님이 우리에게 주시려는 것도 바로 생명입니다.

> 내가 온 것은 양으로 생명을 얻게 하고 더 풍성히 얻게 하려는 것이라(요 10:10하).

예수님은 사랑하는 성도 한 사람 한 사람이 생명으로 가득 해지기를 바라십니다. 우리에게 다른 것이 아닌 생명을 주시고, 그 생명이 점점 더 풍성해지기를 바라십니다. 생명의 기운이 세상을 살리는 그리스도의 향기이기 때문입니다.

선교사 한 사람이 낯선 문화권에 들어가 전혀 알지 못하는 사람들 속에서 살아가게 될 때 그는 그 지역 사람들에게 냄새를 전하게 됩니다. 그 한 사람은 그를 둘러싸고 있는 거대한 세상에서 때로는 힘들고 외롭겠지만, 하나님께로부터 받은 부르심의 소명을 따라서 다르게 살아갑니다. 그럼으로써 그의 안에 있는 냄새, 예수 그리스도의 냄새가 향기가 되어 지역 사람들에게 전해지게 됩니다.

오늘 우리는 스스로 선교사라고 생각하지 않을지 모릅니다. 하지만 잊지 말아야 할 사실이 있습니다. 우리가 예수님의 사랑 안으로 초대받았고 그분의 사랑을 알게 된 사람들이라면, 그리고 우리가 지금 세상 속을 살아가고 있는 사람들이라면, 우리는 이미 세상에 속하지 않은 채로 세상을 살아가고 있다는 것입니다. 우리는 바로 그 세상에 선교사로 보내심을 받은 것입니다. 하나님이 우리를 우리가 살아가는 가정, 직장, 학교, 지역에 보내신 것입니다.

주님은 우리가 보내심을 받은 자로서 생명이 되기를 원하십니다. 우리 안에 예수님의 생명이 더 풍성해지기를 간절히 원하십니다. 그때 우리를 통해 사람들이 하늘의 냄새를 맡게 되고, 우리가 그리스도의 향기라는 사실을 알게 될 것입니다. 그리고 그때 우리는 우리를 둘러싼 모든 상황 속에서 넉넉히 승리할 것입니다.

무릇 그리스도 예수 안에서 경건하게 살고자 하는 자는 박해를 받으리라(딤후 3:12).

그리스도인인 우리가 예수님 안에서 경건하게 살고자 할 때 고난이 찾아올 수 있습니다. 시대나 지역과 관계없이 성도들은 보내심을 받은 세상에서 고난을 받습니다. IS가 지배하고 있는 무슬림 지역에서 살아가다가 너무 끔찍한 죽임을 당하는 그리스도인들도 있습니다. 그들이 처형당할 때 어쩌면 처형하는 사람들은 죽음의 냄새를 느낄지 모릅니다.

하지만 우리는 종종 특별한 소식들도 접하게 됩니다. 갑자기 하늘의 계시를 듣거나 꿈을 통해서 자신이 죽이는 사람들이 하나님의 사람들이라는 것을 깨닫게 되어, 회개하고 돌이킨 IS의 전사들도 있다는 소식입니다. 힘없이 스러져 가는 성도들 한 사람 한 사람 안에도 그리스도의 향기, 즉 생명의 능력이 있는 것입니다.

우리는 그처럼 끔찍한 고난 속에 살아가고 있지는 않습니다. 하지만 우리가 이 세상에 속하지 않은 채로 세상 속을 살아가되 그리스도의 마음으로 그분의 부르심을 따라 살아간다면, 고난을 겪게 되어 있고 각오해야 합니다. 그럼에도 불구하고 우리의 삶을 통해서 그리스도를 아는 냄새, 그리스도의 향기가 나타나기를 소원합니다.

우리는 종종 기도할 때 우리의 안전지대를 마련해 달라고 기도합니다. 하지만 주님은 우리에게 안전장치를 주려고 하시지 않습니다. 우리는 때로 세상을 이길 만한 경쟁력을 갖출 수 있도록 해 달라고 기도합니다. 하지만 주님은 우리에게 경쟁력을 주려고 하지 않으십니다. 진정 하나님이 계속해서 우리에게 주시려는 것은 생명입니다. 생명이면 충분하기 때문입니다. 우리에게 필요한 것은 안전장치도, 경쟁력도 아니라 생명력입니다.

생명력은 위협이 되지 않지만 세상을 이깁니다. 생명력이 풍성하면 우리가 맞닥뜨린 세상을 이길 수 있고, 예수 그리스도를 아는 냄새, 그분의 향기로 살아갈 수가 있습니다. 견뎌 냄으로 살아갈 때 우리는 세상을 살리는 통로가 될 수 있을 것입니다.

생명의 숲에 있는 모든 생명은 견뎌 냄으로써 살아 내고, 살아 냄으로써 숲을 이루어 모두를 살립니다. 성도 한 사람 한 사람이 힘든 고난 속에서도 자신이 생명임을 기억하고 삶을 잘 살아갈 때, 우리는 함께 이 사회 속에 숲을 만들어 가고, 세상을 살리게 됩니다. 우리는 모두 살아남는(survival) 것이 아니라 살아가는(revival) 소명을 지니고 있는 것입니다.

생명의 사람이 됩시다. 예수님이 우리에게 주시려는 생명을 더 사모하고 얻음으로 그리스도 안에서 항상 승리하는 우리가 되기를 소원합니다. 그리고 우리에게서 예수 그리스도를 아는 냄새가 나고, 우리가 그리스도의 향기를 모든 사람에게 드러내기를 소망합니다.

8
진리의 길

또 이르시되 어떤 사람에게 두 아들이 있는데 그 둘째가 아버
지에게 말하되 아버지여 재산 중에서 내게 돌아올 분깃을 내게
주소서 하는지라 아버지가 그 살림을 각각 나눠 주었더니 그
후 며칠이 안 되어 둘째 아들이 재물을 다 모아 가지고 먼 나라
에 가 거기서 허랑방탕하여 그 재산을 낭비하더니 다 없앤 후
그 나라에 크게 흉년이 들어 그가 비로소 궁핍한지라…아버지
가 나와서 권한대 아버지께 대답하여 이르되 내가 여러 해 아
버지를 섬겨 명을 어김이 없거늘 내게는 염소 새끼라도 주어
나와 내 벗으로 즐기게 하신 일이 없더니 아버지의 살림을 창
녀들과 함께 삼켜 버린 이 아들이 돌아오매 이를 위하여 살진
송아지를 잡으셨나이다 아버지가 이르되 애 너는 항상 나와 함
께 있으니 내 것이 다 네 것이로되 이 네 동생은 죽었다가 살아
났으며 내가 잃었다가 얻었기로 우리가 즐거워하고 기뻐하는
것이 마땅하다 하니라

눅 15:11-32

인간에게는 구도자의 마음이 있습니다. 마치 운전 중 길을 잘못 들었을 때 어느 길이 맞는지 묻고 도움을 받듯이, 우리는 우리 인생의 여정에서도 바른 길을 찾기를 바랍니다. 이처럼 바른 길을 찾는 마음을 다른 말로 ‘진리를 찾는 마음’이라고 표현하고 싶습니다. 인간에게는 진리를 찾는 마음이 있기에 옳지 않은 것에 대한 저항과 옳은 것을 얻으려는 욕구가 공존합니다. 그 깊은 갈망을 둘로 표현한다면, 하나는 자유를 향한 갈망, 또 하나는 정의를 향한 갈망이라고 할 수 있습니다.

역사를 가만히 살펴보면, 긴 역사 속에 계속되어 온 저항

운동과 혁명은 거의 예외 없이 두 가지 갈망과 관련되어 있음을 알 수 있습니다. 절대 군주 아래에서 모두가 마치 종처럼 살아가던 시대의 사람들에게는 자유를 얻고자 하는 갈망이 있었습니다. 자유를 외치는 이들이 일으킨 시민혁명으로 마침내 근대 사회가 찾아오게 되었습니다. 자유를 얻은 세대는 자신들의 욕구에 따라 많은 시도를 했습니다. 그러한 과정에서 권력가와 자본가가 결탁해서 특별한 부를 축적하게 되었고, 탐욕의 결과 지나친 불평등이 발생했습니다. 노동자와 농민은 고통스런 노동을 피할 수 없었기에 정의와 평등을 외쳤습니다. 그러면서 또 다른 세계가 찾아왔습니다.

20세기 세계를 동서로 나눈 배경도 마찬가지입니다. 자유를 중시하는 민주주의 사회 진영과 공평이라는 정의를 중시하는 사회주의가 그것입니다. 하지만 양쪽 세계 모두 여전히 문제들을 안고 있습니다. 자유를 중시하는 사회에서는 여전히 정의를 부르짖는 사람들의 목마름과 외침이 들리고, 정의를 중시하는 사회에서는 인간의 자발성과 자유를 빼앗긴 박탈감에 따른 자유로의 갈망과 부르짖음이 그치지 않습니다. 자유와 정의, 두 갈망은 모든 인간 안에 내재된 목마름인 것입니다. 우리는 둘 다를 얻고 싶어 합니다.

근래에 들어 북아프리카에서 시작된 개혁의 물결을 보십

시오. 2010년 북아프리카 튀니지에서 일어난 재스민 혁명은 북아프리카 전체를 덮었습니다. 이후 중국을 비롯한 세계 곳곳의 사회주의 진영에서 민주화 혁명의 불길이 치솟았습니다. 이 모든 부르짖음은 자유를 위한 것이고, 또한 정의를 위한 것입니다. 자유도 찾고 싶고, 정의도 찾고 싶은 것입니다.

그런데 자유와 정의 둘 다를 얻을 수는 없는 것일까요? 우리는 자유를 위해 달려왔는데 이것이 정말 옳은 길일까요? 우리는 정의를 위해 달려왔는데 이것이 정말 옳은 길일까요? 무엇이 더 중요하며, 우리가 진정 가야 할 바른 길은 무엇일까요?

본문인 누가복음 15장에는 우리에게 잘 알려진 아버지와 두 아들의 이야기가 나옵니다. 이 비유는 아버지의 유산을 가져다가 탕진해 버린 비정상적인 아들의 이야기를 다룬 '탕자의 비유'(prodigal son)로 알려져 있습니다. 그런데 어떤 사람은 이 비유를 가리켜 '비정상적인 아버지(prodigal father)의 비유'라고 일컬었습니다. 'prodigal'은 '낭비하는'이라는 뜻과 '아낌없이 나누어 주는, 정상적이지 않은'이라는 두 가지 뜻을 가지고 있습니다. 어쩌면 이 비유에 나오는 두 아들은 어느 집에서나 볼 수 있는 지극히 정상적인 아들들이고, 오히려 아버지가 흔히 볼 수 없는 아버지, 너무나 비정상적인 아버지인 것입니다. 우리가 세상에서는 경험할 수 없는 아버지이기에 '비정상적인 아버지의 비유'라고 해도 과언은 아닐 것입니다.

이런 아버지를 정말 본 적이 있습니까? 아직 철도 들지 않은 아들이 유산을 요구해서 챙긴 뒤 마음대로 나가는데도 막지 않고, 야단치지도 않고, 아낌없이 주고 보내는 아버지. 그런 아들을 마음에서 밀어낸 것이 아니라 늘 돌아오기를 기다리고 있는 아버지. 소중한 재산을 다 탕진하고 망해서 돌아왔는데도 왜 그랬냐고 따지지 않고 달려가서 끌어안으며 입을 맞추고, 새 옷을 입히고, 가락지를 끼우고, 살진 송아지를 잡고, 잔치를 베풀어 주는 아버지. 그리고 그런 동생에 대해 분노한 큰아들을 야단치기보다는 달래고 타일러서 동생과 함께 잔치에 참여시키려는 아버지.

이런 아버지를 과연 우리가 세상에서 볼 수나 있는 것일까요? 정말 비정상적인 아버지입니다. 정상적이지 않은 이 아버지는 바로 하나님 아버지이십니다. 강한 권위의 아버지가 아니라 한없이 부드러운 사랑의 아버지이십니다.

예수님은 이 이야기를 통해서 사람들이 하나님 아버지의 사랑과 그분의 마음을 온전히 알게 되기를 바라셨습니다. 하나님의 자녀들이 하나님 아버지의 사랑을 알고, 배우고, 소유하게 되어서 그 사랑으로 살아가기를 바라시는 것이 주님의 마음이요, 뜻입니다.

비유의 무대는 아버지의 집입니다. 아버지에게 두 아들이 있었습니다. 아버지는 두 아들이 아버지와 함께 지내면서 행복하게, 기쁘게, 늘 편안하게 살아가기를 바랐습니다. 그런데 두 아들은 아버지의 집에 함께 있었지만 만족하지는 않았던 것 같습니다. 아마도 두 아들은 아버지의 집을 단지 답답한 울타리로 여겼던 것 같고, 행복하다고 여기지 못했던 것 같습니다. 결국 작은아들은 자유를 외치며 혼자만의 여행을 떠났고, 큰아들은 여전히 불만스런 상태에서 아버지의 집에 머물렀습니다. 둘 다 아버지에게 만족하지 못했던 것입니다.

우리는 두 아들의 모습을 안타깝게 바라보지만, 가만히 내면 깊은 곳을 들여다보면 우리 안에도 두 아들이 있다는 것을 알게 됩니다. 마음속에 자유를 추구하는 작은아들과 정의를 추구하는 큰아들이 공존하고 있는 것입니다.

자유를 추구하는 작은아들

내 인생에는 내게 돌아올 몫이 있다고 생각하는 아들, 내 것이라 생각하는 것을 내 마음대로 쓰고 싶어 하는 아들, 자유를 마음껏 누리며 살아 보고 싶은 아들, 하나님 아버지를 피곤한 구속으로 생각하는 아들이 있습니다. 이 아들은 자유를 너무나 중시 여깁니다.

이 아들은 자유라는 그럴듯한 옷을 입었지만, 실상 그 마음속에는 욕망이 불타오르고 있습니다. 하지만 이 아들은 절대로 자신의 욕망 때문이라고 말하지 않고, 자신은 단지 자유를 원한다고 말합니다. 자유가 옳다고 외칩니다.

하지만 이 문제 많은 아들을 아버지는 이해하고 사랑합니다. 이 아들이 아버지의 집에 머물러 있기를 원합니다. 왜냐하면 이 아들이 그 상태로 바깥으로 나가면 결국 망가질 것이 뻔하고, 자신뿐만 아니라 다른 사람들도 아프게 할 것이 내다보이기 때문입니다. 하지만 사랑의 아버지는 이 아들이 자유를 향해 떠날 때 막지 않습니다. 마음이 아프지만 길을 열어 주고, 가 보게 합니다. 언젠가는 아버지의 마음을 배우고, 깨닫고, 돌아오기를 안타깝게 기다립니다.

이 아들이 망가져 돌아왔을 때 기다렸던 아버지는 달려가 기꺼이 맞이합니다. 묻지도 않고 용서하고, 기쁨의 잔치를 열어 줍니다. 이 아들은 얼마나 부끄러웠을까요? 죄스러웠던 이 아들은 기대하지 않았던 아버지의 용납하는 사랑을 받자

바뀌기 시작합니다. 이제 이 아들은 아버지를 배우기 시작합니다. 그리고 자신이 자유를 추구하며 떠난 후 남아 있던 형에게 더 많은 일이 주어졌고, 형이 자기 때문에 힘들었다는 사실을 깨닫게 됩니다. 자유에는 책임이 따른다는 것을 배우게 됩니다.

정의를 추구하는 큰아들

또한 우리 안에는 정의를 외치는 큰아들이 살아가고 있습니다. 인생을 바르게 살았다고 자부하는 아들, 적어도 나는 저런 인간들과는 달리 모범적으로 살아왔다고 자부하는 아들, 자신처럼 살지 못한 사람들을 용납하거나 이해하기보다는 우습게 여기거나 판단하는 인색한 아들, 심지어 아버지의 선택도 옳지 않고 정의롭지 못하다고 판단하는 엄격한 아들, 하나님 아버지께도 도전할 만큼 의견이 강한 아들, 재판관과도 같은 아들이 있습니다. 이 아들은 정의를 너무 중시 여깁니다.

이 아들은 정의라는 그럴듯한 옷을 입었지만, 실상 그 마음속에는 분노가 이글거리고 있습니다. 그럼에도 불구하고 이 아들은 절대로 자신의 분노 때문이라고 말하지 않고, 자신은 단지 정의를 원한다고 외칩니다. 자신이 정의의 사도라고 착각하지만 아버지의 눈에는 끓어오르는 미움과 분노가 보입니다.

하지만 아버지는 이 아들도 받아 주며 여전히 함께 살기를 바랍니다. 그리고 아버지의 마음을 알게 되기를 바랍니다. 아버지의 참 사랑을 깨닫게 되기를 기다립니다. 그래서 거만한 아들을 꾸짖기보다는 달래고 사랑으로 타이릅니다.

> 얘 너는 항상 나와 함께 있으니 내 것이 다 네 것이로되 이 네 동생은 죽었다가 살아났으며 내가 잃었다가 얻었기로 우리가 즐거워하고 기뻐하는 것이 마땅하다 하니라(눅 15:31-32).

이 아들이 아버지의 진심을 조금이라도 느끼고, 그 부드러운·사랑의 가르침에 마음을 열면 아버지를 배우기 시작할 것입니다. 정의라는 옷으로 포장한 자신 안에 있는 미움과 분노, 인색함을 깨닫게 된다면 이 아들도 아버지의 마음을 따라 너그러운 정의를 선택해 갈 수 있을 것입니다. 자비가 없는 정의는 진정한 정의가 아님을 깨닫고, 자비를 배우게 될 것입니다.

제3의 길, 진리의 길

아들은 아버지를 닮는다는 말이 있습니다. 그런데 비유에 나오는 아버지와 아들들은 너무나 다릅니다. 누구도 아버지를 닮지 않았습니다. 아버지의 두 아들 중에 아버지의 사랑과 마음을 아는 아들은 없었습니다. 하지만 아버지는 '언젠가는 나를 닮겠지' 기대하면서 두 아들을 품고 사랑으로 양육했습니다.

거룩한 성품은 저절로 생기지 않습니다. 많은 시간을 필요로 합니다. 진정한 사랑은 깊은 회개와 깨달음을 통해 배우는 것입니다. 그것은 아버지의 집에서 배우는 것이 아니라 아버지의 마음에서 배우는 것입니다. 작은아들, 큰아들이 아버지의 큰 사랑 안에서 온전히 변화될 때 아버지를 닮게 될 것입니다.

자유와 정의는 우리 안에서 꿈틀거리는 외침들입니다. 하지만 더 깊은 내면을 들여다보면 욕망과 분노가 자리를 잡고 있기도 합니다. 그럼에도 불구하고 우리는 사실대로 표현하지 않습니다. 아니, 그렇지 않다고 생각합니다. 하지만 우리가 자유와 정의를 외칠 때는 반드시 내면을 들여다보아야 합니다. 혹 내 안에 욕망이 불타고 있는 것은 아닌지, 혹 분노가 이글거리고 있는 것은 아닌지 말입니다.

아버지의 참 아들이 되기 위해서 우리가 걸어야 할 길은 과연 무엇일까요? 우리가 사랑하는 예수님, 하나님 아버지의 사랑을 나타내러 이 땅에 오신 예수님, 하나님의 참 아들이신 예수님은 이 땅에서 어떤 길을 걸어가셨을까요?

우리 주님은 세상 누구보다도 자유로운 분이셨습니다. 예수님은 진정 자유를 추구하고, 자유를 누리고, 자유를 외친 분이셨습니다. 단지 자신뿐만 아니라 이 땅에서 만난 모든 사람을 자유롭게 해 주셨습니다. 단 한 사람도 묶여 있기를 원하지 않으셨기에 이 땅에 있는 모든 사람을 모든 멍에로부터 자유롭게 하셨습니다.

하지만 예수님은 자원해서 종이 되셨습니다. 예수님 안에는 꿈틀거리는 욕망을 따르려는 자유는 조금도 없었습니다. 한없는 자유를 추구하셨지만 종의 마음으로 이 땅을 섬기며 살아가셨습니다. 예수님 안에는 아버지의 사랑이 가득 차 있었기 때문입니다. 아버지의 사랑으로 충만했기에 자유로운 마음으로 섬기며 살아가셨습니다.

또한 예수님은 세상 누구보다도 정의로운 분이셨습니다. 예수님은 정의를 추구하고, 외치고, 정의를 따라 사신 분이었습니다. 예수님께는 불의가 조금도 없었습니다. 불의에 의해 고통받는 사람들을 위해서 외치셨고 일하셨습니다. 이렇게 정의로 가득 찬 주님 안에는 분노나 미움이 전혀 없었습니다. 오히려 그분은 한없는 자비와 용납과 용서의 사랑으로 죄인들을 품으셨습니다. 심지어 불의에 의해 십자가에서 처형당하실 때조차 주님은 "아버지 저들을 사하여 주옵소서 자기들이 하는 것을 알지 못함이니이다"(눅 23:34)라고 기도하셨습니다.

주님은 자비와 용서, 용납으로 가득한 분이셨습니다. 정의로우셨지만 자비로우셨습니다. 그 예수님이 참 진리가 되셨습니다. 예수님 안에서 자유와 정의가 하나가 되었습니다. 진리이신 예수님 안에는 욕망도 분노도 머물 곳이 없었습니다.

예수님이라는 진리는 우리를 욕망으로부터 자유롭게 해 주고, 분노로부터 자유롭게 해 줍니다. 그것이 바로 자유와 정의를 넘어서는 제3의 길입니다. 진리의 길이라는 제3의 길은, 진리이신 주님이 우리에게 비추어 주신 길입니다. 진리이신 예수님 안에는 어떤 욕망도 남아 있지 않았고, 어떤 분노도 남아 있지 않았습니다. 그분은 오직 사랑으로 가득한 진리이셨습니다.

진리를 알지니 진리가 너희를 자유롭게 하리라(요 8:32).

진정 예수님의 길을 알게 된다면 우리는 욕망의 포로 된 우리로부터도 자유로워질 수 있을 것이고, 분노의 포로 된 우리로부터도 자유로워질 수 있을 것입니다. 혹 내 안에 아직 욕망이 꿈틀거리고 있지는 않습니까? 내 안에 미움과 분노가 이글거리고 있지는 않습니까? 그것은 우리가 밀어낼 수 있는 것일까요? 우리는 밀어내려 하는 대신에 내 안의 욕망과 분노가 하나님의 사랑 안에서 녹아지도록 해야 합니다.

사실 우리는 욕망과 분노라는 두 아들을 마음에 지닌 채 아버지의 집에 왔습니다. 하지만 괜찮습니다. 하나님은 욕망과 분노라는 두 아들이 아버지 집에 있는 것을 환영하시기 때문입니다. 두 아들이 아버지의 집 바깥에 있기를 원하지 않으시고 거룩하신 그분의 품 안에 머물러 있기를 바라시기 때문입니다. 아버지의 사랑을 배워야 하기 때문입니다. 배우는 데는 시간이 많이 걸리지만 아버지는 욕망이라는 아들, 분노라는 아들을 여전히 사랑으로 품으시고, 사랑으로 양육하고, 도우십니다.

우리가 예수님을 통해 아버지의 사랑을 온전히 알게 될 때, 우리도 알지 못하는 사이에 우리 안에 있는 욕망과 분노가 사라질 것입니다. 내 안에 더 이상 욕심이 꿈틀거리지 않고, 분노도 이글거리지 않게 될 것입니다. 예수님 안에 있는 아버지의 사랑으로 충만해질 때 우리는 아버지 안에서 제3의 길을 걷게 됩니다. 그때 우리는 분노와 판단의 아들이 아니라 용서와 용납의 아들이 됩니다. 하나님 아버지의 사랑이 우리 모두에게 부은 바 되어서, 예수님처럼 자유와 정의를 온전하게 진리의 빛으로 전하며 살아가는 우리 모두가 되기를 바랍니다.

아버지의 마음을 품고 살아가는 것은 마치 큰 강물처럼 되는 것입니다. 물은 바다에 이르기까지 끊임없이 아래로 흐릅니다. 큰 강이 되기 위해서는 곳곳에서 흘러 들어오는 물줄기를 다 받아야 합니다. 산에서 흐르는 맑은 물줄기뿐 아니라 도시의 공장과 하수에서 나오는 오염된 물도 받아들여야 합니다. 받아들이는 과정을 통해서 폭이 점점 넓어져 갑니다.

만약 어떤 물줄기가 깨끗한 물은 받고 더러운 물은 받지 않겠다며 수문을 조절한다면 결코 바다에 이를 수 없습니다. 한 곳에 멈추어 고인 물이 되고 말 것입니다. 바다까지 이르려면 한없이 낮아져서 모두를 받아들일 만한 큰마음을 지녀야 합니다. 모든 물줄기를 가리지 않고 다 받아들일 때 강은 점점 더 넓어져서 바다까지 이르게 될 것이고, 그 바다를 통해서 다시 새로운 회복의 길이 열릴 것입니다.

하나님 아버지의 사랑, 그 바다같이 큰 사랑이 우리를 초대하고 있습니다. 우리의 좁은 마음이 더 넓어지기를 바라시기 때문입니다. 욕망으로 불타고 있을 때도 나 자신만을 보고 있었고, 분노로 일그러져 있을 때도 나 자신만을 보고 있었기 때문에 속이 좁아져 버렸던 우리입니다. 그런 우리가 아버지의 사랑 안에서 부끄러워하고 회개하고 무릎을 꿇어야, 아버지의 사랑을 배우고 얻고 닮아 갈 수 있습니다.

아버지는 방랑의 길을 떠났던 작은아들에게 달려가 덥석 끌어안습니다. 아버지는 아들을 끌어안을 때 아들의 더럽혀진 몸과 돼지 무리에서 묻은 오물, 지독한 냄새 등을 자신의 몸에 묻힙니다. 깨끗한 옷이 아들로 인해서 더럽혀지고, 거룩한 향기가 악취로 바뀌었을 것입니다. 하지만 그래도 아버지는 아들을 끌어안고 아들에게 입맞추고, 아들을 감싸안고, 아들과 함께 기쁨의 잔치를 벌입니다. 그것이 우리를 초대하신 아버지의 사랑, 예수님의 사랑입니다. 그 사랑은 아들을 변화시킵니다. 아들이 사랑의 아버지를 닮기 시작합니다.

또한 아버지는 까다로운 큰아들도 사랑으로 품습니다. 아들의 까다롭고 밉상스런 모습을 외면하지 않고 사랑으로 다가가 달랩니다. 그 사랑은 아들을 부끄럽게 만들었습니다. 이 아들도 사랑의 아버지를 닮기 시작합니다.

이제야 그 큰 사랑 안에서 두 아들은 모든 것을 깨닫게 됩니다. 욕망으로부터도 자유로워지고, 분노로부터도 자유로워지는 참 길, 진리의 빛을 발견합니다. 아버지의 사랑, 예수 그리스도가 바로 우리가 걸어야 할 제3의 길입니다.

아버지가 없는 시대

헨리 나우웬은 오늘 우리가 살아가는 시대를 '아버지가 없는 시대'라고 말합니다. 예전 시대 사람들은 아버지로부터 모든 것을 배웠습니다. 아버지는 자녀들이 어릴 때부터 먹을 것을 제공해 주었을 뿐만 아니라 그들이 어떻게 살아야 하는지, 무엇을 배워야 하는지, 무엇이 옳은지 등에 관한 삶의 모든 지혜와 인생의 미래를 내다볼 수 있는 식견을 가르쳐 주는 롤모델이었고, 유일한 스승이었습니다.

하지만 산업사회 이후 다가온 현대사회는 점점 아버지의 역할을 축소시켰습니다. 자녀들은 이제 아버지로부터 별로 배우지 않습니다. 학교에서, 친구들로부터, 매스컴을 통해서, 인기인들과 SNS를 통해서 배웁니다. 배울 곳이 널렸습니다. 더이상 아버지는 스승이 되지 못하는 시대가 되어 버렸습니다. 어쩌면 불쌍한 아버지들이 되었습니다.

아버지가 없는 시대의 사람들은 어떻게 살아갈까요? 아버지가 없기에 고아의 마음을 가지고 살아갑니다. 나 살기 바쁘기 때문에 내 욕망과 분노를 따라 선택할 뿐입니다. 입술로는 자유와 정의를 외칠지 몰라도 내면에는 욕망과 분노가 끊임없이 불타오르고 있습니다. 그런 시대 속에서 우리는 안타깝게 살아가고 있습니다. 생존을 위해 힘겹게 살아남아야 하는 시대, 자유를 외치지만 욕망을 불태우는 시대, 정의를 외치지만 분노가 이글거리는 시대입니다. 아버지 없이 작은아들과 큰아들만 사는 사회가 되었습니다.

하지만 하늘 아버지의 사랑을 온전히 나타내 주시는 예수님은 우리를 아버지의 집으로 초대하십니다. 우리가 아버지의 집에 머물기를 원하십니다. 사실 더 원하시는 것은, 아버지의 집에 머무는 것이 아니라 아버지의 마음에 머물러 있는 것입니다. 집에만 있을 때는 작은아들도, 큰아들도 아버지를 배우지 못했고, 아버지의 마음 안에 살지 못했습니다. 아버지의 집이 아니라 아버지의 마음에 머물러 있을 때 아버지를 배울 수 있습니다. 아버지를 닮아 갑니다.

작은아들의 마음에서 아버지의 마음으로 갑시다. 큰아들의 마음에서 아버지의 마음으로 갑시다. 아버지의 마음 안에서 하늘 아버지의 사랑을 더 배울 수 있기를 소망합니다. 그래서 우리도 아버지의 사랑을 전하는 통로가 되기를 소망합니다. 우리 모두 아버지의 마음을 품읍시다. 그러면 자유와 정의를 넘어선 진리를 알게 될 것이고, 그 진리를 세상에 전하게 될 것입니다.

하나님 아버지의 사랑, 그 바다같이 큰 사랑이
우리를 초대하고 있습니다. 우리의 좁은 마음
이 더 넓어지기를 바라시기 때문입니다. 욕망
으로 불타고 있을 때도 나 자신만을 보고 있었
고, 분노로 일그러져 있을 때도 나 자신만을 보
고 있었기 때문에 속이 좁아져 버렸던 우리입
니다. 그런 우리가 아버지의 사랑 안에서 부끄
러워하고 회개하고 무릎을 꿇어야, 아버지의
사랑을 배우고 얻고 닮아 갈 수 있습니다.

9

평화의 길

공의로 그의 허리띠를 삼으며 성실로 그의 몸의 띠를 삼으리
라 그때에 이리가 어린 양과 함께 살며 표범이 어린 염소와 함
께 누우며 송아지와 어린 사자와 살진 짐승이 함께 있어 어린
아이에게 끌리며 암소와 곰이 함께 먹으며 그것들의 새끼가 함
께 엎드리며 사자가 소처럼 풀을 먹을 것이며 젖 먹는 아이가
독사의 구멍에서 장난하며 젖 뗀 어린아이가 독사의 굴에 손을
넣을 것이라 내 거룩한 산 모든 곳에서 해됨도 없고 상함도 없
을 것이니 이는 물이 바다를 덮음같이 여호와를 아는 지식이
세상에 충만할 것임이니라

사 11:5-9

제3의 길은 예수님이 걸으셨던 길이요, 제자들에게 걷기를 부탁하신 길입니다. 또한 오늘 우리도 초대하시는 길입니다. 그 길은 낯설어 보이지만 우리가 걸어도 되고, 걷지 않아도 되는 길이 아니라 반드시 걸어야만 하는 길입니다. 하나님 나라가 이 땅에 임하기를 진정 바란다면, 아버지의 뜻이 하늘에서와 같이 이 땅에 이루어지기를 바란다면, 우리는 제3의 길을 반드시 걸어야만 합니다.

본문인 이사야서 11장 말씀에는 매우 낯선 장면들이 펼쳐져 있습니다. 메시아가 오심으로써 이루어지는 통치에 대한 환상입니다. 늑대와 어린양, 표범과 새끼 염소, 암소와 곰, 사자와 살진 소, 독사와 젖먹이, 뱀과 어린아이가 함께 살며 함께 먹는 놀라운 장면입니다. 어떻게 이런 일이 가능할까요? 이사야의 이 환상은 메시아이신 예수 그리스도를 통해 이 땅에 임할 하나님 나라의 그림입니다. 모두가 주님의 길을 배우고, 걸으며, 주님의 빛 가운데 행함으로 하나님을 아는 지식이 가득할 때 진정 평화의 날이 올 것입니다. 그날에는 사람들이 칼을 쳐서 보습을 만들고, 창을 쳐서 낫을 만들 것입니다. 전쟁 연습도 하지 않고, 함께 건강한 땀을 흘리는 사회가 될 것입니다. 누구도 해치거나 다치게 하지 않을 것입니다. 매우 신기하고 기대되는 변화입니다. 우리도 그런 날을 꿈꿉니다.

놀라운 메시아 평화는 어느 날 갑자기 하늘에서 임하는 것이 아닙니다. 먼저 주님의 길을 배우고, 하나님을 아는 지식을 갖게 된 사람들이 걷는 길을 통해서 옵니다. 우리 모두가 평화의 길을 걸을 수 있기를 바랍니다.

'평화'는 세상 모든 사람이 좋아하는 단어입니다. 평화를 싫어하는 사람은 없을 것입니다. 그래서 세상 모든 민족의 인사말에는 평화가 들어 있습니다. 유대인들의 인사인 "샬롬"은 평화를 전하는 인사입니다. 한국 사람들이 가장 많이 나누는 "안녕하세요", "안녕히 가세요", "안녕" 등도 평화의 인사입니다.

이렇듯 모든 사람이 평화를 사랑하고 소중하게 여기는데, 현실은 그렇지 않습니다. 오래된 복음성가의 가사처럼, 세상은 평화를 원하지만 전쟁의 소문은 더 늘어 가고 있습니다. 사람들은 평화를 원하지만 어떻게 해야 그 평화가 오는지는 잘 모릅니다. 오히려 평화를 부수는 일에는 빠릅니다. 우리 귀에 들리는 것은 모두 전쟁 이야기들입니다. 우리가 갈등과 분쟁에서 벗어날 길이 별로 없어 보입니다.

정복과 방어를 넘어서

모두가 평화를 원하는데 왜 평화는 찾아오지 않는 것일까요? 또 모두가 평화를 기원하는데 왜 응답되지 않는 것일까요? 그 이유는 평화의 길에 대해서 배우지 못해 잘 모르기 때문입니다. 생각해 보면, 우리는 어려서부터 평화를 부수는 길에 대해서 오히려 더 많이 배웠습니다. 특히 남자아이들의 경우 가장 먼저 배우는 놀이가 전쟁놀이입니다. 상대 팀을 제압하고 이기는 게임들과 편 가르고 시합하는 놀이를 먼저 배웁니다. 싸우는 것, 이기는 것, 정복하고 지배하는 것이 우리가 어릴 적부터 지금껏 배우고 선택해 온 길인 것입니다. 그러다가 사춘기에 접어들면 특별한 친구들을 내 편으로 만들어 우르르 몰려다니면서 승부를 걸고, 정복에 대한 기쁨을 얻곤 합니다. 그러다 종종 집단 패싸움을 하기도 합니다. 이처럼 우리는 대결하는 문화 속을 살아가고 있습니다.

어른들이 함께 만든 세상도 조금도 나은 점이 없습니다. 우리는 세상의 평화를 원하는 마음이 있지만 그 방법으로 힘을 선택합니다. 힘을 가지고 원하는 것을 얻어 내고, 상대방을 이김으로써 평화를 얻어 내는 것입니다. 따라서 힘과 힘의 대결은 계속되고, 칼과 창을 만드는 일이 이어집니다. 우리에게는 정복욕이 있습니다. 정복하면 기분이 좋고 내가 원하는 평화를 얻을 수 있기 때문입니다. 정복욕이 없더라도 침략을 허용할 수는 없습니다. 그래서 힘을 기르고 방어합니다. 이것이 우리 모두가 살아가는 삶의 모습입니다.

평화를 얻고 평화를 지키려 할 때, 우리 모두가 걷는 익숙한 두 길이 있습니다. 하나는 정복의 길이고, 다른 하나는 방어의 길입니다. '정복'은 나에게 위협이 되는 대상을 아예 제거해 버리는 것입니다. 정복해서 위협을 사라지게 하면 평화가 찾아올 것이라고 믿습니다. 물론 당장에는 평화가 느껴질 것입니다. 반면에 '방어'는 나를 지켜 줄 든든한 진지를 잘 구축해서, 그 안에서 보호받고 평화를 누리는 길입니다. 이것은 우리의 평화를 지켜 내려는 힘입니다.

국가나 민족 사이뿐 아니라 개인적인 관계 속에서도 다르지 않습니다. 우리는 다른 사람과 부딪칠 때 철저한 정복과 지배를 통해서 평화를 유지하려고 합니다. 반면에 적어도 내 평화만큼은 지키고자 자신이 구축해 놓은 안전지대로 숨는 방어를 선택하기도 합니다. 하지만 정복으로 주어지는 평화는 진정한 평화가 아니라 강요된 침묵에 불과합니다. 언제 다시 깨질지 모르는 아슬아슬한 평화인 것입니다. 그리고 방어를 통해 나만의 안전지대에서 느끼는 평화도, 제한된 울타리 안에서의 평화일 뿐 바깥으로 벗어나지 못하는 한계가 있는 평화입니다.

우리가 살아가는 세상에서 평화가 정말 가능한 것일까요? 평화는 어떻게 이루어질 수 있을까요? 세상에서 평화는 불가능하기에 오직 그리스도인들이 신앙을 통해 주님 안에서 얻게 되는 내적인 평화를 의미하는 것일까요?

우리는 주님의 큰 사랑과 은혜 속에서 다음과 같은 평화의 찬송을 올려 드리곤 합니다.

내 평생에 가는 길 순탄하여 늘 잔잔한 강 같든지

큰 풍파로 무섭고 어렵든지 나의 영혼은 늘 편하다
내 영혼 평안해 내 영혼 내 영혼 평안해(새찬송가 413장).

우리가 이 찬양을 부르게 되는 이유가 있습니다. 우리를 둘러싼 상황이 평화롭지 않아도 하늘이 주시는 은혜와 사랑이 매우 커서 내 마음이 평화로워지기 때문입니다. 풍랑이 있지만 그 위에 계신 주님을 바라보기에 평화를 누릴 수 있는 것입니다. 세상이 줄 수 없는 매우 소중한 평화는 하늘의 선물입니다.

하지만 그 평화는 미완성의 평화입니다. 그 이유는 나만의 평화이기 때문입니다. 만약 가족끼리 서로 다투었는데 그중 한 사람이 혼자 방에 들어가서 이 찬송을 부르고 있다고 생각해 보십시오. 얼마나 화가 날까요? 그것은 자기만의 평화일 뿐입니다. 주변의 불화와 고통에 무관심하고 상관하지 않는다면 이기적인 평화일 뿐 진정한 평화가 아닙니다. 하나님의 평화는 반드시 서로의 관계를 향한 것입니다. 그것이 제3의 길입니다.

주님은 우리에게 평화가 임하기를 원하십니다. 평화가 임하되 우리 안에만 머물러 있지 않고 우리의 관계 속에서 이루어지기를 바라십니다. 그것이 메시아를 통해서 우리가 이 땅에서 경험할 수 있는 진정한 평화입니다. 우리는 제3의 길인 평화의 길을 어떻게 걸어갈 수 있을까요?

본문인 이사야서 말씀에서처럼 늑대와 어린양, 표범과 새끼 염소, 암소와 곰, 사자와 살진 소, 그리고 독사와 젖먹이, 뱀과 어린아이가 도대체 함께 있을 수 있는 사이인가요? 도저히 동거가 불가능한 사이입니다. 그런데 주님은 그들이 함께 평화롭게 지내는 그림, 도저히 상종할 수 없는 관계 속에 임한 평화의 메시지를 펼쳐 주십니다. 현실의 세계에서는 기대하기 어려운 변화이지만 주님은 그 꿈을 우리에게 심어 주십니다.

> 화평하게 하는 자는 복이 있나니 그들이 하나님의 아들이라 일컬음을 받을 것임이요(마 5:9).

이 땅에서 평화의 길을 배우고 걸으려는 사람들에게 주어진 약속이 있습니다. 그것은 하나님의 아들들, 하나님의 자녀라 불리는 것입니다. 다른 많은 축복의 약속이 아니라 왜 하필 그 약속이 주어졌을까요? 하나님의 아들이신 주님이 이 땅에 오셔서 하셨던 일이 바로 평화를 이루시는 일이었기 때문입니다. 하나님과 우리 사이를 화목하게 하시고, 유대인과 이방인들을 화목하게 하시고, 우리 사이의 망가졌던 모든 관계를 다시 화목하게 하신 예수님의 십자가가 바로 평화를 이룬 주님의 길이었기 때문입니다. 누군가 평화의 길을 소중히 여기고 걸어가게 된다면 그도 하나님의 아들들, 하나님의 자녀라 불릴 것이라고 약속하신 것입니다.

하나님의 아들들, 하나님의 자녀라 불리고 싶지 않습니까? 그렇다면 우리는 평화를 만들고 평화의 길을 걷는 사람, 즉 '피스메이커'(peacemaker)가 되어야 할 것입니다. 평화의 길을 걷는 사람은 어떤 마음으로 살아가는 사람일까요?

갈등과 분쟁 속으로

평화의 길을 걷는 사람은 자신이 갈등과 분쟁 속으로 보내심 받았다는 사실을 기억하며 살아가는 사람입니다. 만약 선택할 수 있다면 평화로운 곳과 분쟁이 있는 곳 중에서 어느 쪽에서 살겠습니까? 당연히 평화로운 곳을 선택할 것입니다. 갈등과 다툼은 누구나 싫어합니다. 아이들도 가장 싫어하는 것이 엄마, 아빠가 싸우는 것입니다. 어린아이는 울면서 엄마, 아빠의 다리를 붙잡고 싸우지 말라고 합니다. 사춘기가 되면 문을 꽝 닫고 나가 버립니다. 갈등의 자리에 있고 싶지 않기 때문입니다. 때로는 탈출을 시도하기도 합니다. 어른이 되어도 마찬가지입니다. 우리는 전쟁이 터지면 모두 짐을 싸 들고 피난길에 나섭니다. 우리는 갈등과 분쟁이 있는 곳에서 살고 싶지 않습니다.

하나님도 우리가 전쟁터와 같은 갈등과 분쟁 속을 살아가기를 원하지 않으십니다. 하나님은 어린아이가 평화로운 환경에서 태어나 평화 속에서 자라기를 바라시고, 우리의 평생의 여정이 소중한 벗들과 함께 평화롭기를 기대하십니다. 하지만 안타깝게도 우리가 살아가는 현실의 세상에서 평화는 너무나 경험하기 어렵습니다. 이런 세상 속에서 만약 우리가 갈등과 분쟁의 장소를 벗어나 평화로운 곳만을 찾아 나선다면, 적어도 평화를 찾는 사람이 될지 몰라도 평화를 만드는 사람은 될 수 없습니다. 그리고 정착한 평화로워 보이는 곳에서도 언젠가는 갈등과 분쟁을 겪게 될 것입니다.

주님은 우리를 어디로 부르신 것일까요? 우리가 사랑하는 예수님은 평화로운 곳에서 갈등과 분쟁의 한복판인 세상으로 들어오셨습니다. 세상에 평화가 필요했기 때문입니다.

너희에게 평강이 있을지어다(요 20:21).

평화를 주러 오신 예수님은 이 땅에서 평화로운 곳을 찾아다니지 않으셨습니다. 갈등과 분쟁이 있는 곳으로 찾아가셨습니다. 평화를 주시고, 평화를 이루시기 위해서였습니다. 예수님의 십자가는 바로 그 평화의 길로 우리를 초대하고 있습니다.

예수님은 사랑하는 제자들을 세상에 평화의 사도로 보내셨습니다. 제자들을 보내시면서 "어느 집에 들어가든지 먼저 말하되 이 집이 평안할지어다 하라"(눅 10:15)라고 가르치셨습니다. 화목하게 하는 자로 보내신 것입니다. 제자들이 가는 곳은 평화가 있는 곳이 아니라 갈등과 분쟁이 있는 곳이었습니다. 만약 평화로운 곳으로 보내심을 받았다면 그곳의 평안을 빌 이유도 없었을 것입니다. 주님은 오늘 우리도 세상 속으로 보내십니다. 평화로운 곳에서 살라고 보내시는 것이 아니라 갈등과 분쟁이 있는 곳에서 평화를 위해 일하는 사람이 되라고 보내시는 것입니다.

캐나다에 있을 때 특별한 그리스도인들을 만날 기회가 있었습니다. 그들 중에는 크리스천 피스메이커 팀(CPT, Christian Peacemaker Team)에 속한 분들이 있었는데, 전 세계에서 갈등과 분쟁이 극심한 곳으로 사람을 보내는 사역 단체입니다. 그들은 전쟁이 터진 곳, 심각한 분쟁이 있는 곳에 사역자를 보냅니다. 양쪽 진영의 사람들을 만나 평화의 길을 걸어갈 수 있도록 돕기 위해서입니다. 사역자들 중에는 오해를 받거나 심지어 참수를 당하는 사람들도 생겼습니다. 그럼에도 불구하고 그들은 자신이 '그리스도인 피스메이커'라는 마음가짐으로 분쟁 속으로 들어갑니다. 그들에게서 특별한 마음을 읽을 수 있었습니다. 그들은 바로 그곳으로 보내심 받았다는 것을 기억하는 사람들이었습니다.

한국에서 '더 프론티어즈'라는 선교 단체를 알게 되었습니다. 그 단체도 갈등과 분쟁 지역에 사역자를 보내거나 들어가서 일을 하고 있습니다. 갈등과 분쟁으로 폐허가 된 곳곳의 마을들을 찾아다니며 아이들을 돌보고, 학교를 운영하고, 양쪽 진영의 사람들간에 다리가 되어 줌으로써 화해의 길을 걷도록 돕는 특별한 선교 단체입니다. 그들의 마음속에는 특별한 마음이 있었습니다. 자신이 갈등과 분쟁 속으로 보내심을 받았다는 사명감이었습니다.

평화의 길을 걷는다는 것은 우리가 힘이 아니라 자비와 사랑으로 살아간다는 것입니다. 우리가 받은 것이 있다면 주기 위해서입니다. 주님은 우리에게 한없는 자비와 사랑을 부어 주셨습니다. 주님이 우리에게 평화를 알려 주셨다면, 그 평화를 전하라는 뜻입니다. 우리는 평화로운 곳으로 보내심을 받지 않았고, 갈등과 분쟁 속으로 보내심을 받았습니다. 갈등과 분쟁이 있는 곳에서 평화를 위해 일하면 우리는 하나님의 아들딸이라 불릴 것입니다.

힘이 아니라 자비와 사랑으로

분쟁 상황에서 사람들이 쉽게 선택하는 방법은 힘을 사용하는 것입니다. 갈등과 분쟁 속에서 우리는 힘과 힘의 대결을 보게 됩니다. 우리는 흔히 힘이 있어야 평화를 지킬 수 있다고 말합니다. 당연해져 버린 논리입니다. 그 이유는, 힘이 없어서 평화를 빼앗기고 당한 경험이 있기 때문입니다. 제2차 세계대전이 한창일 때 미국은 핵무기를 개발했습니다. 그때 핵폭탄을 대륙 간 횡단으로 옮길 수 있도록 폭격기 B-36이 제작되었는데, 그 이름이 '피스메이커'(peacemaker)였습니다. 그들은 평화를 만든다는 뜻의 '피스메이커' 무기를 가지고 평화를 이루려고 했습니다.

상대방을 힘으로 정복하고 굴복시키면 당장에는 위협이 되는 적을 제거하고 평화를 가져올 수 있습니다. 하지만 그것은 결코 진정한 평화를 가져오지 않으며, 언젠가 상처는

폭발합니다. 그 사실은 중동 지역의 끝나지 않는 분쟁을 보면 알 수 있습니다. 힘으로 해결하려 한 어리석음의 결과인 것입니다. 힘은 가장 매력적인 것이지만 사실 평화를 가져오기보다는 평화를 깨뜨릴 때가 많습니다.

우리가 사랑하는 예수님은 하늘과 땅에 있는 모든 권세를 지니셨지만 그 힘으로 문제를 해결하려고 하지 않으셨습니다. 심각한 문제를 보셨지만 힘으로 심판하지 않으셨습니다. 주님은 오직 자비와 사랑으로 이 땅에 있는 죄인들을 만나셨습니다. 그들을 불쌍히 여기는 마음으로 견뎌 주셨습니다.

평화를 이루는 사람이 되고 싶습니까? 그렇다면 힘을 사랑하지 마십시오. 힘을 모으려고 하지도 말고, 힘을 즐겨 사용하려고도 하지 마십시오. 혹 나에게 힘이 있다 해도 그 힘으로 위협하지 말고 자비와 사랑으로 섬기며 기다려야 합니다. 혹시라도 내 힘이 누군가에게 위협이 될까, 누군가를 아프게 해서 평화를 빼앗는 것은 아닐까 두려워해야 합니다. 주님은 우리가 이 땅에서 힘으로 살아가기를 바라지 않으시고, 주께로부터 받은 자비와 사랑으로 평화를 전하는 사람들이 되기를 원하십니다.

제3의 길인 진리의 길에 대해 다룰 때 누가복음 15장에 나오는 두 아들과 아버지의 이야기를 나누었습니다. 아버지는 욕심과 분노가 꿈틀거리고 있던 두 아들을 오직 자비와 사랑으로 대해 주었습니다. 언젠가는 그들의 마음도 달라져서 아버지의 자비와 사랑을 배우게 되기를 원하면서 다 함께 한 집에서 살아가기를 바랐습니다. 그 아버지의 권위는 자비와 사랑으로부터 나온 것입니다. 두렵게 하거나 어쩔 수 없이 복종하게 하는 위협이 아니라 부끄러워져서 따르게 하는 것입니다. 그것이 평화를 가져오시는 주님의 길입니다.

우리는 구약에서 쌍둥이였던 에서와 야곱이 원수가 되었을 때 하나님이 둘 사이에 힘으로 개입하지 않으시는 모습을 봅니다. 하나님은 원수 된 둘을 따로따로 선대하시며 서로에게 너그러워지도록 하셨습니다. 하나님은 빼앗긴 상처를 가졌던 에서를 크게 축복하셔서 부자가 되게 하셨고, 야곱에게도 계속해서 복을 주셔서 넉넉하게 하셨습니다. 둘이 서로 너그러운 마음으로 만나 화해하게 하셨습니다. 하나님은 힘이 없어서 힘을 사용하지 않으시는 것이 아닙니다. 결코 힘이 평화를 가져올 수 없다는 것을 아시기에 하나님의 사랑을 입은 사람들이 그 길을 배우고 걷기를 원하시는 것입니다.

힘이 있다면 그것으로 위협하거나 복종을 강요하지 마십시오. 오직 사랑과 자비의 마음을 지닐 때 사람들이 감사하는 마음으로 자원해 따르게 될 것입니다. 그때 우리는 이 땅

에 평화의 길을 전할 수 있을 것이고, 하나님의 아들딸로 불
릴 것입니다.

가운데 서서

평화의 길을 걷는 사람은 가운데 서는 사람입니다. 누구나
평화를 좋아하고 원하지만 너무나 쉽게 실패하는 이유가 있
습니다. 그것은 팔이 안으로 굽는 사랑 때문입니다. 우리에게
는 사람들을 사랑하는 마음이 있는데 특별한 사랑을 특별한
사람들에게 나타내는 경향이 있습니다.

내 자녀가 다른 집 자녀보다 더 사랑스럽고 소중하며, 우
리 가족이 다른 가족보다 더 중요합니다. 내가 속한 공동체
가 다른 공동체보다 우선되고, 내 민족, 내 나라를 다른 민족
과 나라보다 더 사랑합니다. 편드는 사랑입니다. 이것이 우리
기 서로 아무리 행복하고 평화롭게 지내노 이기석인 평화일
수밖에 없는 이유입니다.

편애는 자연스러운 것이지만 안타깝게도 평화를 부수는
힘이 될 때가 너무나 많습니다. 우리가 살아가는 사회에서
발생하는 수많은 문제의 원인은 가족 이기주의일 때가 많습

니다. 또 국제 분쟁들도 들여다보면 민족 이기주의가 부딪친 것입니다. 다들 이기적이라서 함께 평화롭게 지내기가 어려운 것입니다.

우리는 사랑하기 때문에 헌신도 합니다. 그런데 우리의 치우친 사랑과 헌신이 본의 아니게 적을 만들고, 우리의 관계 속에 평화가 아닌 전쟁을 가져올 때가 많다는 사실을 우리는 놓치곤 합니다. 전쟁이나 잔인한 종족 살해도 팔이 안으로 굽는 사랑과 관련된 끔찍한 비극들입니다. 그 가능성이 팔이 안으로 굽는 우리 안에 늘 꿈틀거리고 있습니다.

어떻게 평화의 길을 걸어갈 수 있을까요? 우리가 사랑하는 예수님은 가운데 서시는 분이었습니다. 예수님은 하나님 편에만 계시지도 않았고, 우리 편에만 계시지도 않았습니다. 그분은 언제나 하나님과 죄인인 우리 가운데 서셨습니다. 그래서 우리와 하나님 사이를 화목하게 하려 하셨습니다. 예수님은 이 땅에서 유대인으로 태어나 유대인으로 사셨지만 유대인 편에 서시지 않았습니다. 그분은 유대인과 이방인 가운데 서셨습니다. 예수님은 특별한 제자들을 따로 구별해 부르셨고, 그들을 사랑하셨습니다. 하지만 결코 열두 제자들을 편들지 않으셨습니다. 그분은 항상 제자들과 사람들 사이에 서셨습니다. 예수님의 사랑은 모두를 품는 사랑이었기에 땅에 속한 사람들이 볼 때는 자기편을 들어 주지 않는 야박한 사랑으로 보였습니다. 하지만 예수님이 오해를 받으면서도 가운데 서셨던 이유는, 하늘 아버지의 진정한 평화가 이 땅에 찾아오기를 바라셨기 때문입니다.

공동체에 관심이 많은 저에게 특별한 경험으로 다가온 공동체는 프랑스의 떼제 공동체입니다. 그곳에 머무는 동안 공동체 속에 있는 특별한 평화를 느낄 수 있었습니다. 그곳에는 어떤 성경공부도 없었고, 탁월한 설교 메시지도 없었습니다. 하루에 세 번씩 찬양의 예배를 드리는데, 함께 성경 말씀을 듣고 찬양을 올릴 뿐이었습니다. 찬양 가사는 아주 짧은 내용이었는데, 주님을 높이는 가사들이 신기하게도 라틴어로 되어 있었습니다. 프랑스의 작은 시골 마을에서 그들은 왜 라틴어로 찬양하는 것일까요? 여기에는 이유가 있었습니다.

유럽은 모두 기독교적인 배경과 문화를 가지고 하나님을 예배한 나라들이었음에도 불구하고 역사 속에서 끔찍한 전쟁을 계속해 왔고, 서로 반목하고 나뉘며 아픈 비극들을 많이 경험했습니다. 떼제 공동체는 모든 유럽인이 하나님 안에서 하나 되기를 바라는 마음에서, 찬양의 예배를 드리며 중보기도 하는 곳으로 출발했습니다. 그래서 떼제 공동체는 유럽의 많은 젊은이들을 포함해 전 세계 사람들이 찾는 곳이 되었습니다. 이것이 그들이 라틴어를 선택한 이유입니다. 유럽 모든 언어의 모체가 라틴어이기 때문입니다. 유럽인들 간의 갈등과 분쟁으로 라틴어가 영어, 불어, 독어, 이탈리아어 등 곳곳의 언어로 갈라지게 되었던 것입니다. 그래서 모두가 함께 하나님께 영광 돌리고자 라틴어로 찬양하게 된 것입니다. 그곳에 머물면서 진정 우리를 하나로 부르시고 평화를 원하시는 주님을 많이 배울 수 있었습니다.

평화의 왕으로 오신 예수님이 평화와는 너무나도 어울리지 않는, 정반대되는 말씀으로 도전하신 적이 있습니다.

> 내가 세상에 화평을 주러 온 줄로 생각하지 말라 화평이 아니요 검을 주러 왔노라 내가 온 것은 사람이 그 아버지와, 딸이 어머니와, 며느리가 시어머니와 불화하게 하려 함이니 사람의 원수가 자기 집안 식구리라(마 10:34-36).

주님은 부모와 자녀 사이에, 형제 사이에 검을 겨누게 할 것이라고 말씀하셨습니다. 왜 하필 그 대상이 가족일까요? 그 이유는 팔이 안으로 굽는 우리의 치우친 사랑이 평화를 망가뜨리기 때문입니다. 주님은 우리의 사랑이 더 넓어지기를 바라셨습니다. 우리가 우리의 치우친 사랑을 넘어서서 주님의 사랑으로 더 넓게 볼 수 있기를 바라셨습니다. 우리에게 참 평화의 길을 알려 주시려고 우리의 특별한 사랑에 검을 들이대시면서 우리를 평화로 초대하신 것입니다.

평화를 위해 일하는 사람은 애국자가 될 수 없고, 민족주의자도 될 수 없습니다. 독일이 제2차 세계대전을 벌이면서 유럽에 끔찍한 상황이 펼쳐지고 있었을 때, 독일의 목회자 디트리히 본회퍼는 아돌프 히틀러를 반대하는 일을 하다가 붙잡혀 감옥에서 순교하고 말았습니다. 그때 그는 아돌프 히틀러를 반대하는 편에 서 있었지만, 아마도 당시 독일의 목회자들이나 정치 지도자들이나 국민은 그를 매국노나 반민족주의자로 여겼을 것입니다. 하지만 디트리히 본회퍼는 진정 주님의 평화가 독일이 아니라 유럽 전체에 필요하다는 것을 알았기에 아돌프 히틀러를 지지할 수 없었던 것입니다.

일본이 대동아전쟁을 벌이면서 아시아의 많은 나라를 정복하고 지배했을 때 일본의 그리스도인이었던 우치무라 간조는 단 하루도 빠지지 않고 "하나님, 일본이 망하게 해 주십시오"라고 기도했다고 합니다. 일본 사람이면서 일본이 망하기를 기도했습니다. 아마도 그때 그는 동족으로부터 민족주의자도 아니고 애국심도 없다며 지탄받았을 것입니다. 하지만 그는 진정 민족을 사랑했기에 나라가 가는 길이 잘못되었을 때 함께 서 있을 수 없었습니다.

진정 그리스도의 평화를 아는 사람은 한쪽에 서 있지 않고 중간에 서게 됩니다. 때로는 양쪽에서 오해를 받더라도, 왕따가 되더라도 오직 주님이 서셨던 것처럼 가운데 섭니다. 그들이 갈라진 틈을 메우고 중간에 막힌 담을 허물 것입니다. 늘 가운데 서는 사람이 되십시오. 넓은 사랑으로 모두를 품는 사람이 되십시오.

한국에서 탈북 사역을 할 때 탈북 청년들과 남한의 그리스도인 청년들이 함께 한반도 평화 행진을 벌인 적이 있습니다. 휴전선에서 임진각까지 250킬로미터를 함께 걸었습니다. 북의 청년들과 남의 청년들은 함께 걸으면서 중간중간 특별한 곳을 방문했습니다. 그곳은 바로 전쟁을 기념하는 장소였습니다. 어떤 장소에는 승전 기념비가 있었고, 어떤 곳에는 패전의 기록이 남아 있었습니다. 남북 청년들이 함께 걸을 때 들렀던 그 장소들은 우리에게 특별한 생각을 갖게 해 주었습니다. 남에서 승전한 곳은 북에서는 패배한 장소입니다. 남에서 심각한 패배로 기억되는 장소는 북에서 승리한 장소입니다. 하지만 우리 모두는 그리스도의 마음을 배우면서 걸었기에 가운데 서는 마음을 갖게 되었습니다.

우리는 미국에 흑백 갈등이 매우 심하다는 것을 잘 알고 있습니다. 백인들에 의해 상처받은 흑인들의 마음은 어마어마합니다. 백인들은 흑인들이 기본적으로 문제가 많다고 인식합니다. 둘 사이에 화해와 평화는 어렵게만 보입니다. 백인들을 대상으로 조사한 자료 중에서, 흑인 친구를 가져 본 적이 있느냐는 질문에 70퍼센트 이상이 없다고 답했습니다. 함께 살아왔지만 친구가 된 적은 없었던 것입니다.

한국 사람이지만 미국에서 태어나 성장한 후 지금은 한국에서 사역자로 섬기고 있는 분이 있습니다. 언젠가 그분이 자신이 성장했던 과정에 대해서 이야기를 나누었는데, 미국에서 자라는 동안 자신의 어머니가 매우 특별한 선택을 했던 것 같다고 했습니다. 아주 어릴 적부터 자기 침대에 항상 흑인 인형을 넣어 주었다고 합니다. 그래서 자신은 어려서부터 흑인 인형을 가지고 놀았고, 가장 친한 친구 중에 하나가 흑인이라고 했습니다. 그분의 이야기를 들으면서 우리가 살아가는 세상에 진정 평화를 전하기 원한다면 '가운데' 서는 것이 얼마나 소중한지 돌아보게 되었습니다.

한국에서 국제결혼을 한 커플들을 많이 알고 있습니다. 그들의 결혼 생활은 쉽지 않지만 평화를 이루는 데 중요한 역할을 하는 것 같습니다. 한국 사람과 일본 사람이 결혼한 가정에서 볼 수 있는 가장 보화와 같은 모습은, 그 가정이 일본과 한국 사이의 평화를 위해 일한다는 것입니다. 그들은 한쪽에 서지 않습니다. 우리 안에 '가운데' 서는 마음이 좀 더 많아진다면 우리는 예수 그리스도와 함께 이 땅에 평화를 가져오는 사람이 될 수 있을 것입니다.

교회 안에서도 반목과 대립이 깊어질 때 우리는 한쪽 편에 서기 쉽습니다. 모든 갈등과 분쟁은 우리에게 "당신은 어느 쪽입니까?"라고 묻습니다. 하지만 예수님과 함께 평화를 만드는 사람이 되기를 원한다면 자신이 서 있어야 할 자리는 항상 가운데임을 잊지 말아야 합니다. 그로써 하나님의 아들딸이라 불릴 것입니다.

희생하는 마음으로

평화의 길은 희생하는 마음입니다. 치열한 경쟁 사회에서 생존이 어려워지면 희생하는 마음을 갖기가 더더욱 어렵습니다. 경쟁이 심해질수록 우리는 다른 사람의 희생을 바라게 됩니다. 스포츠 경기 중에 아주 빠르게 움직이며 극심한 경쟁을 다투는 빙상 쇼트트랙을 보십시오. 앞서 빨리 달려가던 다른 팀 선수가 실수해서 넘어지면 그 뒤를 따르는 선수들은 어부지리로 상위권 자리를 얻게 됩니다. 경쟁은 우리를 사랑과 희생으로부터 멀어지게 합니다. 그러한 우리가 어떻게 평화를 가져올 수 있을까요?

오늘날은 손해 보지 않으려는 시대, 조그마한 피해에도 보복하거나 보상을 받아 내려는 시대, 내가 당한 것보다 훨씬 더 많은 것을 요구하는 시대입니다. 그 시대 속에서 사람들은 평화를 만들 수 있을까요? 우리는 테러리스트들의 끔찍한 선택을 봅니다. 테러리스트들은 스스로는 희생하고 있다고 생각할 것입니다. 조국과 민족을 위해서, 신념을 위해서 자신의 몸을 불사르고 내던지는 희생의 사람들이라고 착각합니다. 하지만 그 희생은 사실 거룩한 희생이 아니라 어리석은 죽음일 뿐이고, 또 다른 많은 사람의 희생을 강요함으로써 너무나 끔찍하게 평화를 부수는 일임을 우리는 알고 있습니다. 어두운 복수심은 평화가 아니라 전쟁을 만듭니다. 결코 평화를 가져오지 못합니다.

그렇다면 평화는 어떻게 찾아오는 것일까요? 우리가 사랑하는 예수님은 희생의 마음으로 이 땅에 찾아오셨습니다. 주님은 십자가를 지셨습니다. 우리에게 평화를 주시려고 희생의 죽음을 받아들이셨습니다. 예수님의 십자가가 중간에 막힌 담을 허물었고, 갈라진 틈을 메워 주었습니다. 그 희생이 없었다면 우리에게는 구원도, 희망도 없을 것입니다. 희생이 희망을 가져오고, 희생을 통해 평화가 찾아옵니다.

오늘도 그런 희생의 사랑을 통해 갈라졌던 가족이 다시 화합하는 모습을 보게 됩니다. 우리를 종종 감동시키는 휴먼 다큐멘터리는 아름다운 희생의 마음을 가진 사람들이 가져오는 평화 이야기를 전해 줍니다. 주인공들은 하나같이 가족을 위해서 스스로를 희생하는 마음을 가진 사람들입니다. 희생은 우리가 걷게 되기를 바라시는 주님의 길입니다. 희생하는 사람이 하나님의 아들딸이라 불릴 것입니다.

예수님과 함께 평화를 만드는 우리 모두가 되기를 소원합니다. 세상은 평화를 원하지만 정복과 방어의 길밖에 모릅니다. 그래서 전쟁의 소문이 더 늘어 갑니다. 우리가 예수 그리스도 안에 있는 평화의 길을 배우고 주님과 함께 걷게 되기를 소망합니다. 우리는 하나님의 은혜로 자녀가 되었습니다. 사랑을 받기만 하는 자녀가 아니라 아버지를 닮은 자녀가 됩시다. 이제 주님과 함께 평화를 위해 일하는 피스메이커가 됩시다.

우리가 갈등과 분쟁 속으로 보내심을 받았다는 사실을 잊지 맙시다. 힘이 아니라 자비와 사랑으로 살아갑시다. 펀드는 사랑을 조심하고 늘 가운데 서는 우리가 됩시다. 그리고 희생하는 마음으로 십자가를 집시다. 그때 우리를 통해서 주님의 평화가 이 땅에 펼쳐지게 될 것이고, 우리는 하나님의 아들딸이라 불릴 것입니다. 마지막으로 성 프란시스의 "평화의 기도"에서처럼 평화의 도구로 써 달라고 기도할 수 있기를 바랍니다.

이 땅에서 평화의 길을 배우고 걸으려는 사람들에게 주어진 약속이 있습니다. 그것은 하나님의 아들들, 하나님의 자녀라 불리는 것입니다. 다른 많은 축복의 약속이 아니라 왜 하필 그 약속이 주어졌을까요? 하나님의 아들이신 주님이 이 땅에 오셔서 하셨던 일이 바로 평화를 이루시는 일이었기 때문입니다.

10
용서의 길

또 눈은 눈으로, 이는 이로 갚으라 하였다는 것을 너희가 들었으나 나는 너희에게 이르노니 악한 자를 대적하지 말라 누구든지 네 오른편 뺨을 치거든 왼편도 돌려 대며 또 너를 고발하여 속옷을 가지고자 하는 자에게 겉옷까지도 가지게 하며 또 누구든지 너로 억지로 오 리를 가게 하거든 그 사람과 십 리를 동행하고 네게 구하는 자에게 주며 네게 꾸고자 하는 자에게 거절하지 말라 또 네 이웃을 사랑하고 네 원수를 미워하라 하였다는 것을 너희가 들었으나 나는 너희에게 이르노니 너희 원수를 사랑하며 너희를 박해하는 자를 위하여 기도하라 이같이 한즉 하늘에 계신 너희 아버지의 아들이 되리니 이는 하나님이 그 해를 악인과 선인에게 비추시며 비를 의로운 자와 불의한 자에게 내려주심이라

마 5:38-45

제3의 길은 주님이 걸으셨던 길이고, 또 우리에게 부탁하신 길입니다. 그 길은 때로는 어려워 보이지만 그 길을 걷지 않으면 하늘의 기쁨을 얻을 수 없고, 이 땅에서 진정 행복해질 수도 없습니다. 때문에 주님은 우리가 그 길을 꼭 배우고 걷기를 원하십니다.

인생에서 악을 만난다는 것은 끔찍한 일입니다. 악은 한 사람의 인생을 망가뜨리고 가족과 주변 사람들을 어둠으로 몰고 갈 수 있기 때문입니다. 우리는 그런 악을 만나지 않기를 바랄 뿐입니다. 하지만 안타깝게도 때로 우리는 악을 아주 가까이에서 만납니다. 창세기에서 볼 수 있는 인간의 첫 번

째 끔찍한 악은 형제 사이에서 일어났습니다. 아벨이 형 가인에 의해 살해를 당하고 말았습니다. 그들을 지켜볼 수밖에 없었던 부모 아담과 하와의 마음은 얼마나 찢어졌을까요? 이처럼 끔찍한 악은 아주 가까이 가족 안에서도 만나게 되고, 우리가 살아가는 사회에서도 겪게 됩니다.

얼마 전 사우스캐롤라이나의 찰스턴에 있는 유서 깊은 흑인 교회에서 증오 범죄가 발생했습니다. 백인 청년이 증오심으로 총격을 가해 흑인 9명이 피살되었습니다. 하지만 끔찍한 악을 만나 피해를 입은 교회는 전혀 낯선 선택을 했습니다. 범인을 증오하고 보복하기보다는 용서를 선택했던 것입니다. 그들의 선택은 전 세계 많은 사람을 감동시켰습니다.

2006년 펜실베이니아의 아주 소박한 아미시 마을에 있는 학교에 한 괴한이 침입해 아이들을 칠판 앞에 세워 놓고 사살한 뒤 스스로 목숨을 끊은 사건이 벌어졌습니다. 다섯 명의 여자아이들이 그 자리에서 죽었고, 많은 아이가 중상을 입었습니다. 그런데 이 끔찍한 사건 이후 놀라운 일이 벌어졌습니다. 피해를 입은 아이의 부모가 가해자의 부모를 찾아가서 위로하고, 두려워하지 말라고 이야기했던 것입니다. 그리고 가해자의 장례식에 마을 사람들이 함께 참관해 주었습니다. 뿐만 아니라 곳곳에서 들어온 성금을 가해자의 가족들도 살아갈 수 있도록 함께 나누었습니다. 이 사건들은 오늘 우리에게 세상에서는 도저히 상상도 할 수 없는 아름다운 용서의 일로 기억되고 있습니다.

만약 찰스턴 교회 교인들과 아미시 마을 사람들이 용서하는 길을 선택하지 않았다면 그들은 어떤 길을 걸어가게 되었을까요? 인간은 끔찍한 악을 만나 상처받고 너무나 큰 고통을 경험하게 될 때 내면에 두 가지 어둠이 생깁니다. 하나는 반역과 보복하는 마음이고, 또 하나는 거절과 한 맺힌 절망입니다. 복수의 칼을 갈면서 분노를 쏟아 내든지 한 맺힌 절망으로 자기를 학대하고 죽입니다. 둘 다 비극입니다. 그런데 어쩌면 보복과 한은 악을 겪은 인간 안에 생겨나는 아주 자연스러운 감정이요, 마음입니다. 하지만 보복의 길과 한 맺힌 길이 결코 아름답지 않고, 옳지도 않다는 것을 우리는 살면서 깨닫게 됩니다.

보복과 관련해서 떠오르는 한 가지 이야기가 있습니다. 톨스토이의 단편 "세 그루 사과나무" 가운데 가난한 집안의 소년이 대부(代父)를 통해서 인생을 배워 가는 내용 중 한 대목입니다. 잔디밭이 깔린 뜰에 큰 소나무가 하나 있었고, 그 나무에는 밧줄이 매달려 있었습니다. 밧줄에는 튼튼한 통나무 하나가 묶여 있었고, 아래에 꿀통이 놓여 있었습니다. 그때 숲속에서 곰들이 나오기 시작했습니다. 어미 곰과 두 살짜리 곰, 새끼 곰 세 마리가 꿀 냄새를 맡고 꿀통으로 달려온 것입니다.

곰들이 꿀통에 얼굴을 처박고 꿀을 먹기 시작하는데, 밧줄에 달려 있던 통나무가 자꾸 건드려 방해가 되었습니다. 화가 난 어미 곰은 통나무를 확 밀어 버렸습니다. 그러고는 다시 꿀을 먹기 시작했습니다. 그런데 밧줄에 매달려 있던 통나무가 멀리 갔다가 힘을 받아 내려와서 그만 두 살짜리 곰의 머리를 강하게 쳐서 쓰러뜨리고 말았습니다. 어미 곰은 더욱 화가 났습니다. 그래서 통나무를 있는 힘껏 아주 멀리 밀어 버렸습니다. 그러고는 다시 꿀을 먹으려는데, 어떻게 되었을까요? 훨씬 더 큰 힘을 받은 통나무가 멀리까지 올라갔다가 내려와서 그만 어미 곰의 머리를 쳤고, 어미 곰은 그 자리에서 쓰러져 죽고 말았습니다. 그러자 새끼 곰들이 놀라서 줄행랑을 치며 숲속으로 들어가는 이야기입니다.

이 이야기는 보복에 대해서 가르쳐 줍니다. 보복을 선택하면 잠깐은 우리의 마음이 후련해지는 것 같지만 결과적으로는 더 큰 악을 가져오고야 만다는 사실을 알 수 있습니다.

또한 우리는 한에 대해서도 생각해 봅시다. 한국에서 탈북자 사역을 할 때 한 맺힌 여인들의 이야기를 들어 본 적이 있습니다. 탈북 과정에서 너무나 끔찍한 일을 많이 겪었고, 또 중국에서 집단 윤간까지 당해서 정말 몸과 마음이 다 망가져 버린 한 여인이 있었습니다. 설움과 한 속에서 한국에 왔지만 아무것도 남은 것이 없는 그녀는 자신을 절망스럽게 바라볼 뿐이었습니다. 다 헤아릴 수 없을 만큼 아팠을 여인의 슬픔과 절망이 느껴졌습니다. 그녀를 어떻게 하면 찢어지는 듯한 절망과 한 맺힘에서 건져 낼 수 있을까요?

보복과 한은 상처받은 마음으로부터 벗어나지 못하게 합니다. 분노와 억울함이라는 비좁은 감옥 안에 스스로를 가두고 사는 것입니다. 자신을 묶어 두고 자유를 빼앗긴 채 사는 삶입니다. 이 두 길을 걷는 사람들에게 새로운 미래란 없습니다. 그런데 우리는 상처를 잊고 지나갈 수 있을까요? 고통에서 벗어날 수 있을까요? 왜 하나님은 그처럼 힘들고 끔찍한 고통을 우리에게 허락하시는 것일까요? 하나님의 뜻과 기대는 무엇일까요?

지나가게 하시는 하나님

하나님은 우리가 하나님의 더 크심 안에 거함으로 아픔에서 벗어나기를 기대하십니다. '지나가게' 하십니다. 이 일은 정말 쉽지 않습니다. 하지만 너무나 중요한 영적 과제이기도 합니다. 성경에는 다윗의 아이에 관한 일화가 나옵니다. 다윗의 아이는 태어나자마자 병들어 시름시름 죽어 가고 있었습니다. 다윗은 아이를 고치고 싶어서 금식하며 하나님께 기도했습니다. 임금이 식음을 전폐하고 누워만 있는 모습을 본 신하들은 너무나 안타까웠습니다. 다윗이 그렇게 기도했건만 아이는 결국 죽고 말았습니다. 신하들은 마음이 술렁거렸습니다. 아이가 병들었을 때 근심하던 임금이 아이가 죽었다는 소식을 들으면 얼마나 상심할까 염려했습니다.

그때 신하들의 모습에 낌새를 눈치챈 다윗은 아이가 죽었냐고 물었습니다. 아이가 죽었다는 소식을 전해 들은 다윗은 그 자리에서 일어났습니다. 몸을 씻고, 옷을 갈아입고, 얼굴에 기름을 바르고, 음식을 차려 먹었습니다. 그러자 신하들은 당황했습니다. 그때 다윗은 신하들에게 이렇게 말했습니다.

아이가 살았을 때에 내가 금식하고 운 것은 혹시 여호와께서 나를 불쌍히 여기사 아이를 살려 주실는지 누가 알까 생각함이거니와 지금은 죽었으니 내가 어찌 금식하랴 내가 다시 돌아오게 할 수 있느냐 나는 그에게로 가려니와 그는 내게로 돌아오지 아니하리라(삼하 12:22-23).

물론 어떤 부모도 다윗과 같은 모습을 보이지 않을 것입니다. 하지만 우리는 이 사건 속에서 이미 주어진 일을 지나가게 하는 거룩한 마음을 느낄 수 있습니다.

애청하는 자연 다큐멘터리 중에서 가장 슬프게 기억되는 한 장면이 있습니다. 아프리카의 아주 건조한 지역에서 어미 기린과 새끼 기린이 함께 걸어가고 있었습니다. 물을 찾아 아주 건조한 땅을 걸어가는 어미 기린은 심히 지쳐 있었고, 아직 너무나 어린 새끼 기린은 엄마 다리 사이에서 걸어가는 모습이 참 연약해 보였습니다. 그런데 그 뒤에 하이에나 몇 마리가 그들을 추격하고 있었습니다. 물론 어미 기린이 워낙 크고 가까이 다가가면 뒷발질을 했기 때문에 감히 다가가지는 못했습니다. 하지만 기회를 틈타던 하이에나들은 결국 새끼 기린에게 상처를 입히는 데 성공했습니다. 어미 기린은 또 한 번 저항했지만 결국 어쩔 수 없이 하이에나들에게 아기를 빼앗기고 말았습니다. 이어진 장면은, 예상되듯, 새끼 기린이 하이에나들에게 뜯어 먹히는 장면이었습니다.

그때 저를 슬프게 한 것은 기린의 걸음이었습니다. 뒤에서 아기 기린의 처참한 모습을 목격하고 있던 어미 기린이 그저

가던 길을 뚜벅뚜벅 계속 걸어가는 모습이 카메라에 찍혔던 것입니다. 이 슬픈 장면을 보면서 '어미 기린은 이 고통스러운 사건을 얼마나 오랫동안 기억하게 될까?'라는 질문을 해 보았습니다.

야생의 생명들에게도 끔찍한 사건들이 벌어집니다. 도저히 통과하기 어려운 고통들을 겪습니다. 악을 만나고, 끔찍한 상처를 입습니다. 그런데 신기하게도 그들은 보복을 준비하는 것 같지도 않고, 한 맺힌 절망으로 삶을 살아가는 것 같지도 않습니다. 그 고통이 해를 넘기지 않습니다. 다음 날 아침이 되면 새 하루를 새롭게 살아가는 힘을 얻는 것 같습니다. 도대체 그 힘은 어디에서 오는 것일까요? 망각의 은혜일까요?

아마도 야생에 있는 모든 생명은 하나님의 크심을 알고 있는 것 같습니다. 그 크신 하나님의 통치 아래서 과거의 시간에 발목 잡히지 않습니다. 자신들이 만났던 고통과 아픔을 창조주께 올려 드리고, 여전히 그들을 품고 계시는 하나님 안에서 지나가게 하는 힘을 얻는 것 같습니다.

하나님 아버지가 우리에게 바라시는 것도 그런 것이 아닐까요? 우리는 자녀가 바깥에 나가서 두들겨 맞고 다쳐서 들어와 억울한 마음으로 엉엉 울면서 엄마, 아빠 품에 안길 때 한없는 사랑으로 토닥여 주고 격려해 줍니다. 그러다 보면 아이는 어느덧 억울한 마음을 떠나보내고, 전혀 아프지 않은 듯 다시 행복해집니다. 지나가게 하는 일을 참 잘하는 것 같습니다. 아마도 자신의 억울하고 아팠던 마음보다 엄마, 아빠의 사랑이 더욱 크게 느껴졌기 때문일 것입니다. 생각하지 않았던 더 큰 은혜와 사랑이 아이로 하여금 억울한 마음을 통과하게 해 준 것이고, 아픔도 지나가게 해 준 것입니다. 이것이 놀라운 비결입니다.

하나님이 우리 인생에 주신 아픔과 고통을 우리 스스로 견뎌 내야만 한다면 누구도 해내지 못할 것입니다. 하지만 하나님은 더 큰 사랑을 주셔서 모든 것을 새롭게 하시고, 합력해 선을 이루시고, 또 우리의 발걸음을 더 귀하게 세워 가시는 분입니다. 따라서 하나님이 우리에게 모든 아픔과 고통을 허락하시는 이유는 더 큰 사랑과 은혜 안으로 우리를 불러안아 주시기 위함인 것입니다.

아벨의 죽음은 하나님의 탄식이기도 합니다. 악을 만나서 겪게 된 고통입니다. 하나님은 탄식하시면서도 모든 것을 새롭게 하실 수 있기에 그의 죽음을 영원한 하나님의 시간 속에서 허락하셨습니다. 또 가인에게는 "네 아우 아벨이 어디 있느냐"(창 4:9)라고 질문하셨습니다. 하나님은 가인에게 질문하심으로써 그 역시 참된 길을 발견하게 되기를 바라셨던 것입니다. 하나님은 타락 후 어둠과 악을 선택한 인간이 선한 길을 깨닫고 돌아오기를 바라셨습니다. 하나님은 악으로 이루어진 모든 끔찍한 일 가운데서도 선으로 풀어 가시는 더 큰 분이십니다.

하나님의 은혜는 지나가게 하는 힘이 있습니다. 하나님의 은혜와 위로가 커서 우리의 삶에 있는 모든 아픔과 상처들이 지나가기를 기원합니다.

용서도 지나가게 하는 힘입니다. 우리를 향한 하나님의 용서를 생각해 보십시오. 하나님은 우리의 죄악에 대해서 아시지만 그것을 지나가게 하는 힘을 갖고 계십니다. 하나님은 우리에 대해 분노하고 보복하는 마음을 가지신 적이 없고, 우리에 대해 한 맺힌 절망을 지니신 적도 없습니다. 우리는 하나님의 세계를 훼손하지만 하나님은 우리를 향한 더 큰 은혜와 사랑이 있으시기에 우리를 품어 주시고 용서하심으로 지나가게 하십니다. 그리고 지나가게 하시는 하나님의 용서를 배워서 우리도 용서를 전하는 사람이 되기를 소원하십니다.

우리가 베푸는 용서도 지나가게 하는 힘입니다. 자신이 피해자라는 마음에서 벗어나 과거를 털고 창조의 아침을 맞이하게 해 줍니다. 나를 자유롭게 할 뿐만 아니라 나를 아프게 했던 악인도 풀어 주어 자유롭게 해 주는 은혜입니다. 용서의 선택이 없으면 우리는 보복과 한이라는 두 길 사이에서 비틀거리며 걸어갈 수밖에 없습니다. 하나님의 은혜로 지나가게 하고, 하나님의 용서로 지나가게 하는 길을 걷는 우리가 되기를 바랍니다.

하나님의 형상 보여 주기

주님은 용서를 통해서 우리가 하나님의 형상을 지니기를 원하십니다.

등산을 좋아하는 저는, 캐나다 로키 산맥에서 캠핑을 한 적이 있습니다. 가장 기억에 남는 산은 로브슨 산입니다. 가장 높은 산 중에 하나였는데, 올라가다 보면 너무 힘들고 지치는 길이었습니다. 특별한 것이 전혀 보이지 않고 별로 재미없는 길이었습니다. 하지만 높은 곳에 이르렀을 때 갑자기 눈앞에 펼쳐지는 광경을 보면 깜짝 놀라게 됩니다. 건너편의 쏟아져 내리는 어마어마한 폭포와 그 아래 새겨진 계곡이 무척 멋집니다. 그 장면을 본 사람이라면 누구나 탄성을 지르게 되는 놀라운 창조주의 작품입니다.

등산로에 그 계곡에 대한 안내문이 붙어 있었습니다. 내용

인즉, 아주 오래전에 마그마가 흘러가면서 한번 파였고, 빙하가 흐르면서 더 깊이 파인 자국이라는 설명이었습니다. 참 아름다운 그 계곡은 다른 관점에서 보면 어떤 산자락보다 특별히 상처를 많이 입은 산자락이었던 것입니다. 다른 모든 산등성은 안전했고 아픔을 겪지 않았는데 이 산자락만 유난히 고통을 겪었던 것입니다. 끔찍한 아픔을 통과했지만, 그 과정을 통해서 가장 아름다워졌습니다.

그 계곡을 보면서 창세기의 요셉이 생각났습니다. 요셉은 원하지 않게 정말 끔찍한 악을 만났습니다. 형들의 악과 보디발 아내의 악입니다. 악을 경험하면서 그는 억울한 일도 겪어야만 했습니다. 종살이도 했고, 감옥살이도 했습니다. 하지만 우리는 창세기의 마지막 부분에 등장하는 요셉에게서 하나님의 형상을 봅니다. 하나님의 성품과 인격을 지닌 한 사람을 발견하게 됩니다. 요셉, 그는 아름답게 형성된 계곡처럼 누구도 겪지 않을 끔찍한 고통과 아픔을 당했지만, 오히려 더 아름다워지고 더 하나님의 형상을 지니게 된 하나님의 사람이었습니다.

본문인 마태복음 5장을 보면, 실천하기 어려운 말씀들로 가득 차 있습니다.

악한 자를 대적하지 말라 누구든지 네 오른편 뺨을 치거든 왼
편도 돌려 대며 또 너를 고발하여 속옷을 가지고자 하는 자에
게 겉옷까지도 가지게 하며 또 누구든지 너로 억지로 오 리를
가게 하거든 그 사람과 십 리를 동행하고 네게 구하는 자에게
주며 네게 꾸고자 하는 자에게 거절하지 말라 또 네 이웃을
사랑하고 네 원수를 미워하라 하였다는 것을 너희가 들었으
나 나는 너희에게 이르노니 너희 원수를 사랑하며 너희를 박
해하는 자를 위하여 기도하라(마 5:39-44).

정말 이 말씀처럼 살아가는 사람이 있다면 가해자는 '뭐 이
런 인간이 있나?' 하고 생각할 것 같습니다. 어쩌면 더 조롱
하고 함부로 대할 수도 있을 것입니다. 하지만 우리는 성경
을 통해, 예수님이 십자가에서 일방적으로 당하셨을 때 십자
가에 못 박으라고 소리치던 무리가 오히려 나중에 두려워하
게 되었다는 사실을 발견합니다. 그들은 예수님이 진정 하나
님의 아들이셨다는 것을 비로소 깨닫게 됩니다. 스데반이 돌
에 맞아 죽게 되었을 때도 마찬가지입니다. 무리는 악한 마
음으로 스데반을 향해 돌을 던졌지만 그는 저항하는 마음 없
이, 오히려 한없는 자비와 용서로 예수님과 같은 기도를 드
렸습니다.

주여 이 죄를 그들에게 돌리지 마옵소서(행 7:60).

성경은 스데반의 얼굴이 천사의 얼굴과 같았다고 이야기하고 있습니다. 스데반의 모습에 하나님의 형상이 가득했던 것입니다.

이같이 한즉 하늘에 계신 너희 아버지의 아들이 되리니(마 5:45상).

예수님은 우리가 바보처럼 보일지 모르지만, 용서를 선택하는 삶을 살 때 우리가 하나님의 자녀라는 사실을 세상 사람들이 알게 될 것이라고 말씀하십니다. 우리는 용서를 통해서 하나님의 형상을 지니게 됩니다.

악을 이기는 유일한 길

악을 이기고 싶은 마음은 당연합니다. 악을 만나면 우리는 지고 싶지 않습니다. 그래서 악을 만날 때 우리도 악해질 때가 많습니다. 악으로 악에 맞설 때 결과는 악순환뿐입니다. 보복과 한 맺힘의 길을 걷는 지구촌의 갈등과 분쟁은 악과 악의 계속되는 만남입니다. 그로써 전쟁과 테러는 결코 줄어들지 않을 것입니다. 보복은 눈덩이처럼 커지거나 대물림되기 마련입니다. 그러면 평화의 길은 불가능해 보입니다. 용서가 없이는 결코 악의 사슬을 끊을 수 없습니다.

예수님의 십자가는 선으로 악을 이기신 하나님의 사건입니다. 십자가 아래 있는 예수님의 용서는 악의 어두운 사슬과 사탄의 저주를 끊고 하나님의 진정한 자비와 사랑, 구원을 이 세상에 펼치는 놀라운 사건입니다. 십자가 역사는 이후 제자들을 통해서도 펼쳐졌고, 순교자들을 통해서 계속 나타났습니다.

오늘도 우리는 끔찍한 악이 존재하는 지구촌 곳곳의 이야기를 듣습니다. IS가 지배하는 나라에 살고 있는 그리스도인들이 얼마나 억울하게 참수를 당하며 끔찍한 일을 겪고 있는지 듣습니다. 북한 지하교회에서 숨죽여 홀로 신앙생활을 하고 있는 성도들의 이야기를 간접적으로 듣습니다. 그들은 들키기만 하면 정치범 수용소로 끌려가 정말 끔찍한 고통을 당하게 됩니다.

그런데 그들의 마음속에는 분노와 한이 있지 않습니다. 오히려 자비와 용서가 있습니다. 그들은 "하나님의 자비와 용서를 가해자들에게 내려 주소서"라고 기도합니다. 도대체 어떻게 그런 마음이 생길 수 있을까요? 하나님 아버지의 큰 사랑이 그들 안에 가득 채워지지 않고서는 도저히 불가능한 일입니다. 그 끔찍한 악이 창궐하는 현장 속에 있는 성도들은 십자가 상의 예수님처럼, 또 스데반처럼 오늘도 악 앞에서 자비와 용서를 기도하고 있는 것입니다. 그들의 선함이 아직은 악을 이기지 못하는 것처럼 보입니다. 하지만 결코 악이 악을 이길 수 있는 것이 아니라 선만이 악을 이길 수 있기에, 그들은 선으로 그 땅을 회복시키시려는 하나님의 거룩한 뜻에 자신들을 드린 것입니다. 용서야말로 악을 이기는 유일한 길입니다.

용서는 상대방의 회개에 대해 내가 선택할 수 있는 반응이 아닙니다. 용서는 상대방이 여전히 악해도 그를 선으로 만나는 힘입니다. 악을 이기기 위해 선을 선택하는 예수 그리스도의 길입니다. 결코 쉽지 않지만 우리 안에 주님의 은혜와 사랑이 크다면, 주님이 우리 안에 살아 역사하신다면 걸어갈 수 있는 놀라운 길이기도 합니다. 용서를 통해서 선으로 악을 이기는 우리가 되기를 바랍니다.

우리는 은혜 입은 자로, 용서받은 자로 살아갑니다. 주님의 선하심 때문입니다. 우리의 죄악에 대해 분노를 품어 보복하

지도 않으시고, 절망하며 한을 품지도 않으시고, 오직 한없
는 자비와 사랑으로 품어 주시는 하나님의 은혜 때문입니다.
주님은 그 은혜 안에서 우리가 변화되어 가도록 우리를 깨우
십니다. 그리고 그 은혜가 우리를 통해 세상으로 흘러가기를
바라십니다.

하나님의 크심 안에서 상처받은 아픈 기억을 지나가게 합
시다. 하나님의 한없는 용서를 통해서, 그리고 우리가 그 용
서를 실천함으로써 주님의 인격과 성품을 우리 안에 나타냅
시다. 또한 우리의 인격과 성품을 통해 하나님의 형상을 드
러냅시다. 아울러 용서를 통해 선으로 악을 이김으로써 세상
을 치유하고 회복하는 우리 모두가 되기를 소원합니다.

주님이 걸으신 아름다운 용서의 길을 우리도 걸어감으로
써 이 땅에 다시 희망을 가져오기를 소원합니다. 예수님이
걸으신 용서의 길을 신실하게 걸어갑시다.

용서는 상대방의 회개에 대해 내가 선택할 수
있는 반응이 아닙니다. 용서는 상대방이 여전
히 악해도 그를 선으로 만나는 힘입니다. 악을
이기기 위해 선을 선택하는 예수 그리스도의
길입니다. 결코 쉽지 않지만 우리 안에 주님의
은혜와 사랑이 크다면, 주님이 우리 안에 살아
역사하신다면 걸어갈 수 있는 놀라운 길이기도
합니다.

교회의 길

내가 비옵는 것은 그들을 세상에서 데려가시기를 위함이 아니
요 다만 악에 빠지지 않게 보전하시기를 위함이니이다 내가 세
상에 속하지 아니함같이 그들도 세상에 속하지 아니하였사옵
나이다 그들을 진리로 거룩하게 하옵소서 아버지의 말씀은 진
리니이다 아버지께서 나를 세상에 보내신 것같이 나도 그들을
세상에 보내었고 또 그들을 위하여 내가 나를 거룩하게 하오니
이는 그들도 진리로 거룩함을 얻게 하려 함이니이다…곧 내가
그들 안에 있고 아버지께서 내 안에 계시어 그들로 온전함을
이루어 하나가 되게 하려 함은 아버지께서 나를 보내신 것과
또 나를 사랑하심같이 그들도 사랑하신 것을 세상으로 알게 하
려 함이로소이다

요 17:15-23

주님의 교회는 어떤 곳일까요? '교회' 하면 안타까운 점들이 떠오르고, 수많은 오해도 생각납니다. 하나님과 예수님에 대해서는 오해가 별로 없습니다. 하나님과 예수님이 어떤 분이신지에 대해 성경에 뚜렷하게 기록되어 있기에, 사람마다 차이는 있지만 성경을 잘 읽고 배우면 알 수 있기 때문입니다. 반면 교회는 다릅니다. 교회에 대해서는 뚜렷한 기록이 많지 않습니다. 그래서인지 교회에 대해서는 생각이 다양하고, 의견도 많고, 주장도 많습니다. 그중에는 교회에 대한 탄식도 있고, 몸부림도 있습니다.

오늘날의 교회는 성경에 기록된 교회와 많이 다른 것 같습니다. 그래서 사람들은 그때 그 교회, 바로 초대교회를 그리기도 하고, 교회가 가야 할 방향에 대해서 생각해 보기도 합니다. 과연 교회는 어떠한 곳일까요?

저는 다양한 공동체를 경험하면서 교회에 대해 생각해 보는 시간을 가질 수 있었습니다. 언젠가는 수도원을 방문해 체류한 적이 있었습니다. 수도원은 사람들이 살지 않는 아주 한적한 곳에 있는데 특별한 마음을 가진 사람들이 함께 수도 생활을 하는 곳입니다. 심지어 결혼도 하지 않고 오직 하나님께만 집중하는 그들의 모습을 보면서 남다른 거룩함을 느꼈습니다. 하나님을 향한 거룩함을 추구하는 그들은 존경스러워 보였습니다.

또한 대학 때는 선교 단체에 속해서 활동했고, 나중에는 선교 단체가 운영하는 훈련 프로그램에 참가해 은혜를 받기도 했습니다. 선교 단체에 헌신한 사람들을 보면 정말 대단합니다. 하나님의 복음을 전하려는 열정과 뜨거운 마음이 누구도 쫓아갈 수 없을 만큼 대단한 분들입니다. 한편 개인 재산도 없이 여러 사람이 함께 살아가는 공동체를 방문해 보기도 했습니다. 사랑하며 행복하게 더불어 살아가는 그들의 모습을 부러워하기도 했습니다.

수도원, 선교 단체, 공동체는 우리에게 익숙한 교회가 아님니다. 그런데 신기하게도 교회보다 끄는 힘이 있는 듯해, 왠지 머물고 싶은 마음을 불러일으킵니다. 예수님은 이 땅에 교회를 세우셨을 뿐인데, 왜 이천 년의 교회 역사 속에 예수님이 직접 세우시지 않은 수도원과 선교 단체와 공동체가 등장하게 된 것일까요? 그 이유는 주님이 이 땅의 교회와 우리에게 주신 세 가지 부르심 때문입니다. 이 부르심은 본문인 요한복음 17장에 기록된 예수님의 기도에 담겨 있습니다. 거룩함으로의 부르심, 보내심을 받은 자로서 선교로의 부르심, 그리고 하나 됨으로의 부르심이 그것입니다.

예수님은 사랑하는 제자들을 위해 기도하셨습니다. 그리고 제자들을 향해 품으셨던 바로 그 마음을 교회에도 두셨습니다. 즉 교회가 거룩하기를 바라시고, 보내심을 받은 자로서 선교적인 사명에 충실하기를 바라시고, 진정 그리스도의 몸인 공동체로 하나 되기를 바라시는 마음으로 기도하셨습니다.

수도원은 교회가 거룩함을 잃어버렸을 때 거룩함을 추구한 사람들이 세속화된 교회에서 떠나 한적한 곳에 더 머무르면서 생겨났습니다. 선교 단체가 세워진 것도, 교회의 선교에 대한 열정이 식어 버렸을 때 열정을 가진 사람들이 선교를 목적으로 모이기 시작했기 때문입니다. 공동체가 형성된 이유도 마찬가지입니다. 그리스도의 몸인 교회가 서로 사랑으로 하나 되지 못하자, 하나 됨에 대한 갈망을 가진 사람들이 함께 살아가는 공동체를 추구하면서 생겨났습니다.

이처럼 거룩함으로의 부르심, 보내심을 받은 자로서 선교로의 부르심, 그리고 하나 됨으로의 부르심을 우리 모두는 받았습니다. 그런 이유에서 우리는 익숙한 교회 안에 머물며 때로는 갈등하고, 때로는 몸부림치는 것입니다.

교회의 원형이 무엇일까요? 우리는 흔히 초대교회를 떠올리지만, 좀 더 거슬러 올라가 예수님과 제자들이 함께했던 모임을 교회의 원형이라고 말하고 싶습니다. 처음 교회는 예수님이 제자들을 불러 모아서 함께 생활하셨던 모임인 것입니다. 그리고 그보다 더 오랜 모형을 생각해 본다면, 구약 시대에 이스라엘을 택한 백성으로 구별하시고 그들을 많은 민족 가운데 살아가게 하셨을 때 하나님이 그들에게 두셨던 마음에서 찾아볼 수 있을 것 같습니다.

하나님은 이스라엘 백성을 많은 민족 가운데 살게 하시면서 부르심을 주셨습니다. 그들도 거룩함으로의 부르심, 보내심을 받은 자로서 선교로의 부르심, 그리고 하나 됨으로의 부르심 등 세 가지 부르심을 받았습니다. 첫째로, 하나님의 백성 이스라엘은 많은 민족 가운데 거주하지만 거룩한 백성으로 살도록 부르심을 받았습니다. 둘째로, 하나님은 그 백성이 제사장 나라요 이방의 빛이 되어서, 많은 열방과 민족과 섬나라로 하여금 하나님께 예배드리게 하는 제사장 역할을 하도록 부르셨습니다. 선교적인 소명이 그들에게 있었던 것입니다. 셋째로, 하나님의 백성은 가나안 땅에서 살아갈 때 다른 민족과 다르게 살도록 부르심 받았습니다. 서로의 삶에 존재하는 기쁨과 아픔을 함께 나누면서 살도록 희년법과 안식년 제도를 만드셨고, 그들로 하여금 더불어 살아가는 특별한 사랑의 공동체가 되게 하셨습니다. 하나 됨으로의 부르심입니다.

그러나 구약의 이스라엘 백성은 하나님의 부르심에 신실하지 못했습니다. 따라서 약속된 메시아로 오신 예수님이 열두 제자들과 함께 새로운 하나님 나라의 공동체를 시작하셨습니다. 그리고 그들을 위해서 기도하셨습니다. 주님의 기도가 본문인 요한복음 17장에 담겨 있습니다.

보내심을 받은 자로의 부르심

왜 하나님은 선택해 구별하신 백성을 많은 민족 가운데 두시고 그 속에서 살아가게 하셨을까요? 왜 예수님은 제자들을 세상으로 보내셔서 세상 사람들 가운데 살아가게 하셨을까요? 그들을 정말 특별히 사랑하신다면 먼저 하늘로 데려가시든지, 안전한 곳을 만들어 머물게 하시지 왜 세상 속에 살아가게 하셨을까요?

여기에는 분명한 이유가 있습니다. 하나님은 온 세상의 하나님이시고, 온 세상을 여전히 아끼고 사랑하시기 때문입니다. 맨 처음 창조하셨을 때 보시기에 좋았던 세상이 망가지고 훼손된 상태에 머물러 있는 것을 하나님은 기뻐하지 않으십니다. 하나님은 온 세상이 다시 그분 보시기에 좋은 곳이 되기를 바라십니다. 그러한 목적을 위해서 한 백성을 구별해 세상 가운데 심으신 것이고, 제자들을 모아서 세상 가운데 보내신 것입니다. 하나님의 택하심을 받은 백성, 주님의 제자들, 그리고 교회는 보내심을 받은 자로의 부르심을 가지고 세상에 보내진 것입니다. 이 소명에 충실할 때 하나님의 뜻이 이 땅에 이루어질 것이고, 하나님 나라가 세상 가운데 세워질 것입니다.

하나님의 관심은 온 세상에 있습니다. 하나님이 한 백성을 구별하셨을지라도, 제자들을 따로 모으셨을지라도 주님의 사랑은 모두를 향해 있습니다. 그 뜻을 따라서 주님은 교회를 이 땅에 세우셨습니다.

내가 비옵는 것은 그들을 세상에서 데려가시기를 위함이 아
니요 다만 악에 빠지지 않게 보전하시기를 위함이니이다…
내가 비옵는 것은 이 사람들만 위함이 아니요 또 그들의 말로
말미암아 나를 믿는 사람들도 위함이니(요 17:15, 20).

예수님이 제자들을 선택하고 그들을 따로 구별한 목적은,
세상 모든 민족 가운데 살아가는 그들이 하나님의 특별한 보
호를 받으면서 악에 빠지지 않게 하시기 위함이었습니다. 또
한 그들을 만나는 세상 모든 민족이 예수님을 믿게 되기를
바라기에 그들을 세상 가운데 두셨다고 말씀하십니다. 예수
님의 관심이 어디에 있는지 알 수 있는 구절입니다. 예수님
은 제자들과 교회가 세상 속에 있지만 세상의 악으로부터 보
호받기를 바라시고, 또 한편으로는 제자들과 교회를 통해서
세상 모든 사람이 예수님을 믿게 되기를 바라신 것입니다.
그렇기에 교회와 성도는 보내심을 받은 자로서의 부르심을
우선적으로 받았습니다. 우리는 보내심을 받은 자들입니다.
우리는 선교적인 사명을 지니고 있습니다.

아버지께서 나를 세상에 보내신 것같이 나도 그들을 세상에
보내었고(요 17:18).

교회도 세상에 보내심을 받았습니다. 21절과 23절에는 교회를 세상에 보내신 주님의 목적이 뚜렷하게 나타나 있습니다.

> 세상으로 아버지께서 나를 보내신 것을 믿게 하옵소서(요 17:21).

> 아버지께서 나를 보내신 것과 또 나를 사랑하심같이 그들도 사랑하신 것을 세상으로 알게 하려 함이로소이다(요 17:23).

하나님이 교회와 성도들을 세상에 보내신 목적은 그들을 통해서 세상 사람들이 예수님을 믿게 되는 것입니다. 세상 사람들이 '하나님이 그리스도인들을 정말 사랑하시는구나. 교회를 사랑하시는구나' 하고 깨닫게 하시기 위해서입니다.

세상을 위해서 세상에 보내심을 받은 성도와 교회가 예수님의 교회입니다. 우리가 세상에 존재하는 이유는 '세상을 위해서'입니다. 세상에 예수님을 전하기 위해서, 세상에 하나님의 사랑을 나타내기 위해서 우리는 존재하고, 그 목적을 위해서 보내심을 받았습니다. 이 선교적인 사명, 보내심을 받은 자로서의 소명을 이루고 열매 맺기 위해서 우리에게 동일하게 중요한 두 가지 소명이 더 있습니다. 그것은 거룩함으로의 부르심과 하나 됨으로의 부르심입니다.

거룩함으로의 부르심

거룩함이란 우리가 세상 속에서 다르게 구별되어 살아가는 것을 말합니다. "내가 거룩하니 너희도 거룩할지어다"(레 11:45)라고 말씀하신 하나님은 구약의 이스라엘 백성에게뿐만 아니라 신약의 성도들과 교회에게도 동일하게 거룩함으로의 부르심을 주셨습니다. 우리가 다르게 구별되어 살아가도록 주님은 "세상을 본받지 말라. 그들에게 배우지 말라. 그들과 섞이지 말라. 그들을 따르지 말라"고 부탁하셨습니다. 세상 속에서, 세상 사람들 틈에서 살아가지만 거룩하게 구별되어 다르게 살아가도록 우리는 부르심을 받은 것입니다.

내가 세상에 속하지 아니함같이 그들도 세상에 속하지 아니하였사옵나이다 그들을 진리로 거룩하게 하옵소서 아버지의 말씀은 진리니이다(요 17:16-17).

거룩함에 대한 오래된 오해가 있습니다. 구약의 이스라엘 백성도 그러했고, 신약의 성도들과 교회도 오해했던 것입니다. 특별한 영역에 금을 그음으로써 구별과 단절을 표시하고 특별한 것만을 거룩하게 생각한 것입니다. 구별과 단절을 통해서 성과 속을 나눈 것입니다. '거룩할 성'(聖) 자를 붙여서 성막, 성소, 성전, 성일, 성직자, 성수 등 거룩한 것이 따로 있다고 여기기 시작했고 사람들은 하나님을 향한 거룩한 마음을 지키기 위해 금을 그은 영역들을 따로 구별하게 되었습니다. 거룩한 곳과 거룩하지 않은 곳, 거룩한 사람과 거룩하지 않은 사람, 거룩한 날과 거룩하지 않은 날, 거룩한 물건과 거룩하지 않은 물건으로 구별했습니다.

보이는 거룩함을 통해서 세속과 뚜렷하게 구별되려 한 것이 택한 백성의 선택이요, 실천이었습니다. 그런데 사실 그것이 얼마나 어리석은 비극을 가져다주었는지 모릅니다. 특별한 것을 뚜렷이 거룩하게 구별해 놓자, 보이지 않는 내면은 어둡고 추한데 겉만 거룩한 것들이 많아져 갔습니다. 심지어 교회 역사 속에서도 엉뚱한 교리 논쟁들이 생겨나게 되었습니다. 예를 들면, 성수에 파리가 빠졌습니다. 그렇다면 성수가 오염된 것일까요, 파리가 성화된 것일까요? 이런 논쟁까지 생겼습니다. 거룩한 것과 속된 것이 만났을 때 고민이 생겨난 것입니다.

예수님 당시의 종교 지도자들은 거룩한 성직의 옷을 입고, 거룩한 것들을 따로 구별해서 지켰습니다. 하지만 예수님은 그들을 향해 듣기 싫은 도전의 말씀을 던지셨습니다.

화 있을진저 외식하는 서기관들과 바리새인들이여 회칠한 무덤 같으니 겉으로는 아름답게 보이나 그 안에는 죽은 사람의 뼈와 모든 더러운 것이 가득하도다(마 23:27).

겉은 그럴듯하게 색칠해서 거룩해 보이지만 속마음은 한없이 추하고 더러운 외식하는 자들의 모습을 주님은 보셨던 것입니다. 그것은 결코 거룩함이 아닙니다. 세상 사람들의 생각과 똑같은 생각을 품고, 마음속에 다른 것이 전혀 없는데 겉모습만 구별된다고 해서 어떻게 거룩하다 할 수 있겠습니까? 성전과 교회가 세상에 있는 조직이나 모임과 별로 다를 바 없는데 이름이 성전과 교회라고 해서 어떻게 거룩해질 수 있겠습니까?

거룩함으로의 부르심이란 진정 무엇일까요? 그것은 보이는 구별을 뜻하지 않습니다. 겉으로는 차이가 하나도 없습니다. 세상 사람들의 좋은 친구와 이웃이 되기 위해 세상 사람들과 똑같은 옷을 입고, 똑같은 음식을 먹고, 똑같은 이웃이 되어서 살아가지만, 오히려 보이지 않는 영역에서 다른 것이 거룩함입니다. 겉으로는 전혀 다르지 않지만 보이지 않는 영역이 다른 선교사적 삶이 거룩함입니다.

예수님은 이 땅에 사시며 사람들을 만나실 때 별로 다르지 않으셨습니다. 평범한 유대인들 가운데 유대인으로 사셨고, 그들이 입는 옷을 입으셨고, 그들이 먹는 음식을 드셨습니다. 하지만 예수님이 뚜렷하게 구별되신 것은 예수님의 마음속에 있었습니다. 예수님의 생각이 달랐고, 꿈과 목표, 가치관, 삶의 우선순위가 달랐습니다. 예수님이 걸어가시는 인생길의 방향과 세상을 보는 눈, 사람을 대하는 태도가 달랐습니다. 다른 것은 똑같은데 예수님 속에 있는 것이 달랐던 것입니다. 그것이 예수님의 구별됨이요, 거룩함입니다. 하나님의 말씀으로 내면이 거룩해지고, 겉이 아니라 속이 다른 것입니다. 이것이 바로 주님이 우리에게 요청하시는 거룩함입니다.

하나님은 구약의 이스라엘 백성을 수많은 민족 가운데 구별하셨을 때 그들이 다른 옷을 입기를 바라신 것이 아닙니다. 그들의 생각이 다르기를 바라셨고, 꿈과 목표, 가치관, 삶의 우선순위가 다르기를 바라셨습니다. 그들이 살아가는 방식이 달라서 주변 민족들이 '아, 저렇게 살아가는 사람들도 있구나' 하며 부러워하고, 도전받은 그 민족들도 하나님을 향하게 하시려고 구별하신 것입니다.

교회를 세상에 두신 목적도 동일할 것입니다. 이 땅의 목회자들과 성도들, 교회가 세상 사람들과 생각이 다르지 않고, 꿈과 목표, 가치관, 삶의 우선순위가 다르지 않다면 결코 거룩할 수 없습니다. 주님이 원하시는 것은 우리의 속마음, 내면이 거룩해지는 것입니다. 예수님 제자들인 교회의 속마음이 진정 거룩해져서 세상 사람들에게 도전이 되고, 부끄러움을 가져다주고, 본받고 싶은 모범이 되게 하시려는 것이 주님의 뜻입니다. 진정 거룩한 삶을 살아가신 예수님은 이렇게 기도하셨습니다.

또 그들을 위하여 내가 나를 거룩하게 하오니 이는 그들도 진리로 거룩함을 얻게 하려 함이니이다(요 17:19).

언제나 하나님의 말씀으로 거룩하게 사셨던 예수님은 친히 거룩함의 모범이 되셨습니다. 예수님은 교회에 대해서도 동일한 마음을 갖고 계시기에 "교회가 거룩해지게 하소서"라고 기도하셨습니다. 하나님의 말씀을 통해 교회가 거룩해지기를 원하셨던 것입니다.

오늘날의 교회가 세속화되었다는 평가는 세상과 겉모습이

비슷해져서가 아니라 속이 별로 다르지 않기 때문일 것입니다. 교회와 성도들이 좋아하고 추구하는 것이 세상 사람들이 좋아하고 추구하는 것과 별로 다르지 않을 때 세속화되는 것입니다. 이 땅의 교회가 진정 거룩해지기를 소망합니다. 우리의 보이지 않는 내면의 생각, 꿈과 목표, 가치관, 삶의 우선순위, 사람들을 바라보는 눈, 인생을 설계하는 모든 계획이 구별되기를 소원합니다. 그로써 이 세상을 거룩하게 살아가는 구별된 하나님의 교회가 되고, 그 다름이 세상 사람들에게 도전을 주고 선한 영향을 끼칠 수 있기를 원합니다.

하나 됨으로의 부르심

세상 속에 있는 교회의 또 하나의 중요한 부르심은 하나 됨으로의 부르심입니다. 하나 됨은 선교적인 교회가 되기 위한 매우 중요한 기초이기도 합니다.

> 아버지여, 아버지께서 내 안에, 내가 아버지 안에 있는 것같이 그들도 다 하나가 되어 우리 안에 있게 하사 세상으로 아버지께서 나를 보내신 것을 믿게 하옵소서(요 17:21).

예수님은 성부, 성자, 성령 삼위일체 하나님이 하나이신 것처럼 제자들과 교회가 하나 되게 해 달라고 기도하셨습니다. 그때 세상이 자신을 믿게 될 것이라고 말씀하셨습니다. 또한 이어서 이렇게 기도하셨습니다.

> 내게 주신 영광을 내가 그들에게 주었사오니 이는 우리가 하나가 된 것같이 그들도 하나가 되게 하려 함이니이다(요 17:22).

예수님은 교회인 우리에게 하늘의 영광을 주셨다고 말씀하셨습니다. 주님이 하늘의 영광을 우리에게 주신 이유는 우리가 주님의 은혜와 영광 안에서 하나 되게 하시기 위해서입니다. 주님이 교회에 영광을 덧입혀 주시고 큰 은혜를 내려 주시는 이유는, 우리가 하나라는 사실을 알려 주시기 위해서입니다. 나와 함께 주님을 예배하고 찬양하는 지체들, 나와 함께 주님의 영광 가운데 거하는 이들을 보면서 '우리는 한 가족이구나'라는 것을 배우게 되는 것입니다. 주님의 영광이 교회에 가득 임하고, 우리가 그 영광 안에서 하나 된 것을 기뻐하고 확인하는 고백이 넘쳐 나기를 소망합니다.

이어서 예수님은 23절에서 이렇게 기도하셨습니다.

곧 내가 그들 안에 있고 아버지께서 내 안에 계시어 그들로 온전함을 이루어 하나가 되게 하려 함은 아버지께서 나를 보내신 것과 또 나를 사랑하심같이 그들도 사랑하신 것을 세상으로 알게 하려 함이로소이다(요 17:23).

예수님은 제자들과 교회의 하나 됨을 통해 세상 사람들이 하나님의 사랑이 교회에 임해 있음을 알게 해 달라고 기도하셨습니다. 그로써 그들도 하나님의 사랑 안으로 찾아오게 하시려는 것이었습니다.

저희 가정은 늘 손님들이 많습니다. 때로는 며칠씩, 또 몇 달씩 함께 지내기도 합니다. 손님들을 가정에 초대할 수 있었던 이유는 가족 관계가 좋았기 때문입니다. 만약에 부부 사이나 가족 관계가 심상치 않으면 가장 불편해지는 사람은 손님일 것입니다. 그러다 보니 자연히 가족 관계가 어려울 때는 집에 손님이 오지 않기를 바라게 됩니다. 하지만 가족이 서로 하나 되어 소중한 사랑의 관계를 잘 유지하고 있을 때는 손님들이 반갑습니다. 그들을 섬기는 것이 행복한 일이 됩니다. 그러면 손님들에게는 '나도 이런 곳에서 살고 싶다'라는 마음이 생겨나게 됩니다.

교회도 똑같습니다. 교회가 그리스도의 사랑 안에서 만나게 된 형제자매들과 사랑으로 하나 되어 있을 때는 찾아오는 사람을 마음껏 환영하고 더 머물도록 도와줄 수 있을 것입니다. 하지만 서로의 관계가 깨지기 시작하면 잘 나오던 사람들도 불편해서 서서히 떠나게 됩니다. 그리고 사람들을 초대할 수도 없습니다.

교회를 '그리스도의 몸'이라고 합니다. 예수님이 머리 되시고, 나머지는 모두 소중한 지체들입니다. 예수님의 기도 속에 교회의 이상적인 모습이 담겨 있습니다. 교회는 세상에 보내심 받았음을 기억하고, 거룩해야 할 뿐만 아니라 진정 하나 되어야 합니다. 하나 되지 못한다면 결코 주님의 주님 되심을 세상 속에서 전할 수 없습니다.

관계는 결코 쉽지 않습니다. 우리는 누구나 인생 여정에서 관계에 실패한 경험을 가지고 있습니다. 좋은 관계를 잘 유지하고 싶지만 결코 쉬운 일이 아닙니다. 그럼에도 불구하고 우리가 잊지 않아야 하는 하늘로부터 받은 소명은 우리의 하나 됨입니다. 어렵지만 우리를 하나로 부르신 주님의 부르심을 놓치지 않는 것입니다. 우리의 안타까운 실패와 부끄러움을 돌아보고 다시 새롭게 하나 됨을 향해 나아가려고 할 때 주님은 우리를 기뻐하시고, 격려하시고, 도와주실 것입니다.

우리가 함께 건강한 교회, 그리스도의 몸 된 교회, 거룩하면서도 하나 된 교회를 잘 세워 가기 위해서는 극복해야 하는 것들이 있습니다. 하나는 우리 몸에 배인 오랜 과거로부터 오는 영향력이고, 또 하나는 우리를 둘러싼 주변 세상으로부터 오는 영향력입니다.

구약성경에는 하나님이 이스라엘 백성을 구별하셨을 때 그들에게 주셨던 분명한 부르심이 기록되어 있습니다. 하나는 "이집트로 다시 내려가지 마라"였습니다. 하나님은 이스라엘 백성에게 이집트와의 단절을 요구하셨습니다. 또 하나는 "주변으로부터 배우지 마라"였습니다. 하나님은 주변 영향력으로부터의 단절도 요청하셨습니다. 하나님이 택하신 백성이 하나님의 언약과 말씀 안에서 새롭게 세워질 때 하나님은 그들이 새로운 시작을 하기를 바라셨습니다. 그들을 만들어 왔던 과거의 영향력을 끊고, 그들을 둘러싸고 있는 주변의 영향력으로부터 벗어나 하나님의 백성으로 바로 서기를 바라셨던 것입니다.

그런 관점에서 한국 교회와 성도들을 생각해 봅니다. 우리 몸에는 오랜 과거로부터 온 어두운 문화가 배어 있습니다. 첫째로, 모든 관계를 수직적으로 이해하는 문화입니다. 우리의 정서 속에 '누구는 내 위에 있고, 누구든 내 밑에 있다'라는 생각이 깔려 있는 것입니다. 우리는 그런 어두운 생각을 익숙하게 지닌 채 교회에서 생활합니다. 이것은 우리가 그리스도의 참된 공동체를 이루는 데 도움이 되기보다 사실은 부정적인 영향력을 미칩니다.

둘째로, 우리 민족은 체면 문화를 갖고 있습니다. 겉을 중시 여기는 체면 때문에 다른 사람들의 말과 평가에 따라 자신의 마음을 얼마나 열고 닫을지 결정하는 문화적 특성을 가지고 있습니다. 그리스도의 빛 안에서 정직하게 마음 나누는 것을 어려워합니다. 우리는 그런 체면 문화를 익숙하게 지닌 채 교회에서 생활합니다.

하지만 우리가 진정 그리스도의 몸 된 교회를 세우기 위해서는 우리를 만들어 온 어두운 영향력을 극복해 나가야 합니다. 그리스도 외에는 누구도 높고 낮음이 없으며 우리는 서로 수평적인 관계라는 것을 깨달아야 합니다. 주님은 그리스도의 빛 안에서 정직하게 우리의 생각과 마음과 삶을 나누는 것을 기뻐하신다는 사실을 기억해야 합니다. 그때 교회는 더 건강해질 것입니다.

셋째로, 우리가 극복해야 할 문화는 개인주의입니다. 개인주의가 심화되면서 공동체 의식이 사라져 가고 있습니다. 또한 치열한 생존경쟁 사회에서 경쟁의 흐름에 휩쓸리다 보니 서로를 돌보는 마음이 작아지고 인색해졌습니다.

오늘날 교회를 이루고 있는 우리 역시 이러한 영향으로부터 자유롭지 못합니다. 이렇게 보면 주님의 부르심을 따르는 거룩하고 하나 된 교회가 되기란 너무나 어려운 과제인 것만 같습니다. 하지만 주님은 여전히 우리를 위해 중보하시며, 희망을 놓지 않고 격려하십니다.

예수님은 특별한 가족으로 제자들을 모으셨습니다. 제자들이 예수님을 처음 만났을 때 그들은 이기적인 개인들이었습니다. 그들에게는 서로에 대한 배려가 별로 없었습니다. 서로에게 경쟁자요, 남이었습니다. 그들을 만들어 온 오래된 유대 문화도 한몫했습니다. 위아래 서열에 관심이 많았기에 "누가 크냐"(막 9:34) 하며 자리다툼을 벌이기도 했습니다.

이기적인 제자들이 예수님을 통해 서로 만나게 되었던 것입니다. 예수님이 이 땅에 몸으로 계셨을 때는 서로 티격태격하면서도 함께 잘 걸어갔던 것 같습니다. 그런데 예수님이 세상을 떠나시는 어려운 시간이 찾아왔습니다. 주님은 제자들을 남겨 놓고 떠나시기 전에 본문인 요한복음 17장의 기도를 올리셨습니다. 이제 예수님도 안 계시는데 제자들이 교회를 제대로 이룰 수 있을까요? 이기적인 그들이 사랑의 공동체가 되어 함께 동행할 수 있을까요? 어려워 보입니다.

그런데 신기하게도 사도행전을 읽어 보면, 놀라운 변화가 찾아왔습니다. 전혀 가능성이 없어 보였던 제자들이었습니다. 그런데 예수님이 하늘로 올라가신 후 그들이 성령의 사람들이 되고 하나님의 말씀 앞에 바로 서게 되자, 예수님이 기도하신 이상적인 교회가 되었습니다. 그들은 속사람이 매우 달라져서 생각, 꿈과 목표, 가치관, 삶의 우선순위, 인생의 방향이 달라졌습니다. 서로를 매우 소중히 여겼고, 진정 하나가 되었습니다. 예수님의 기도가 응답된 것입니다.

우리에게도 예수님의 기도가 응답되기를 바랍니다. 우리는 각자 다른 삶을 살아왔고, 다른 모습으로 교회에 나왔습니다. 그러나 여기 주님의 기도가 있습니다. 주님은 우리를 위해 기도하십니다. 주님은 우리가 보내심을 받은 자로 살아가고, 거룩하게 살아가고, 하나 되어 살아가기를 바라십니다. 주님의 기도가 우리를 통해서 응답되는 복이 풍성하기를 바랍니다. 우리의 기도가 예수님께로 가는 길이 되기를 바랍니다.

그럼에도 불구하고 우리가 잊지 않아야 하는 하늘로부터 받은 소명은 우리의 하나 됨입니다. 어렵지만 우리를 하나로 부르신 주님의 부르심을 놓치지 않는 것입니다. 우리의 안타까운 실패와 부끄러움을 돌아보고 다시 새롭게 하나 됨을 향해 나아가려고 할 때 주님은 우리를 기뻐하시고, 격려하시고, 도와주실 것입니다.